近世日向の修験道

―― 日向各藩における修験と藩政 ――

前田　博仁 著

みやざき文庫 121

まえがき

敗戦の年、筆者三歳。食糧も衣服も極端に不足し不衛生な生活を強いられた戦後間もない年少の頃、出来物《できもの》の上を刃物で撫《な》ぜながら「アビラウンケンソワカ」と三回唱えると治る、ムカデに咬《か》まれたら鶏の糞をつけるとよい、カラスが群れて鳴くと誰かが死んだ、道の前方をイタチが横切ると不吉といい、病気が長引くとホッドンさんにお祓《はら》いしてもらう。などなど……。まじないや占い、祈祷、祓いなど今日では話題にものぼらない迷妄迷信といわれる風説・風評を信じる風潮がありました。

高度経済成長期を経て、ある程度ゆとりある生活を送れるようになると、医療や福祉の充実もあり軽度の怪我病気でも医療機関にかかるようになりました。

しかし、日々の生活の諸所では昔ながらの風習・慣習を取り入れています。婚礼や葬儀のとき暦注《れきちゅう》の六輝《ろっき》を見る、男女とも決まった年齢になると厄払《やくばら》いをする、また自家の宗教に関係なく寺社に初詣する、神前とか教会で挙式する、檀徒でありながら氏子でもある、地鎮祭は神式、葬儀は仏式など、こうしたことを何の疑問もなく行っています。これは明治初期まで長く続いた神仏習合の考えに基づくものだが、今日でも変わっていません。

もともと日本には自然神や先祖神を崇める信仰が存在し、外来の仏教や儒教が入ってくるとその影響を受けて、神仏習合・本地垂迹《ほんじすいじゃく》という考えが現れ、また、それとは別に日本古来の山岳信仰に基づく神仏混淆の修験道が起こったと言われます。山中修行で呪力を獲得した修験者（山伏《やまぶし》）は、長い間、占いや祓い、祈祷等で信者の悩みを解決してきました。

明治元年（一八六八）政府は神仏分離策を断行、さらに明治五年には修験道も廃止しますが、修験者が行っていた占いや祓いなどは庶民生活に深く浸透しており、今日その痕跡の一部が日常生活の節目に出てくるのです。

現在、宮崎県内に英彦山《ひこさん》や求菩提山《くぼてさん》などのような修験霊山が存在せず、山伏姿の行者を見かけることはありませんが、江戸後期における日向国内の修験道を明らかにしたいと資料を発掘し、霊山や修験者の痕跡を訪ね、その実態解明を試みました。

目次

近世日向の修験道

近世日向の修験道
――日向各藩における修験と藩政――

序の章　山岳信仰と修験道

一、日向国に於ける山岳信仰

古来、山岳は狩猟民には獲物を与える山の神が住む霊地、農耕民には水田稲作に水を与えてくれる水分神《みくまりのかみ》の居所と崇《あが》められてきた。山の神は春先には山をおりて田の神となって稲作を守り、秋の収穫後は山に帰って山の神となる。山岳の山の神の信仰がさらに展開して、山岳そのものを神と崇める神体山の信仰を生みだした（宮家準編『修験道辞典』東京堂出版）。

日向国では霧島山や行縢山《むかばき》、尾鈴山などが修験霊山つまり信仰の山として崇められていたが、明治政府の神仏分離、修験道廃止などの政策により、それらの山麓で活動していた修験者達は神職に代わるとか帰農するなどして山伏（修験者）の存在を見ることが無くなった。しかし、長年信仰してきたことは一朝一夕で遺棄されるものではなく、霧島山は水田稲作に豊かな水を恵む有り難い山、龍房山は豊猟と安全を見守ってくれる山などと、現在も人々の心にしっかり息づいている。

㈠ 霧島山

高千穂峰（1573ｍ）

霧島六所権現

霧島山とは宮崎と鹿児島の県境に位置する火山群の総称で、その第二の高峰高千穂峰《たかちほのみね》（一五七三メートル）の山麓には、かつて霧島六所権現があり信仰の山として知られている。

霧島六所権現とは、現在の霧島神宮（鹿児島県霧島市）、夷守神社（現在は霧島岑神社に合祀）、霧島岑神社（小林市）、霧島東神社、狭野神社（ともに高原町）、東霧島《つまきりしま》神社（都城市高崎町）の六社をいう。創建は不明だが康保三年（九六六）性空上人が霧島山に入山、六社それぞれに華林寺、宝光院、瀬戸尾寺、錫杖院、神徳院、勅詔院と

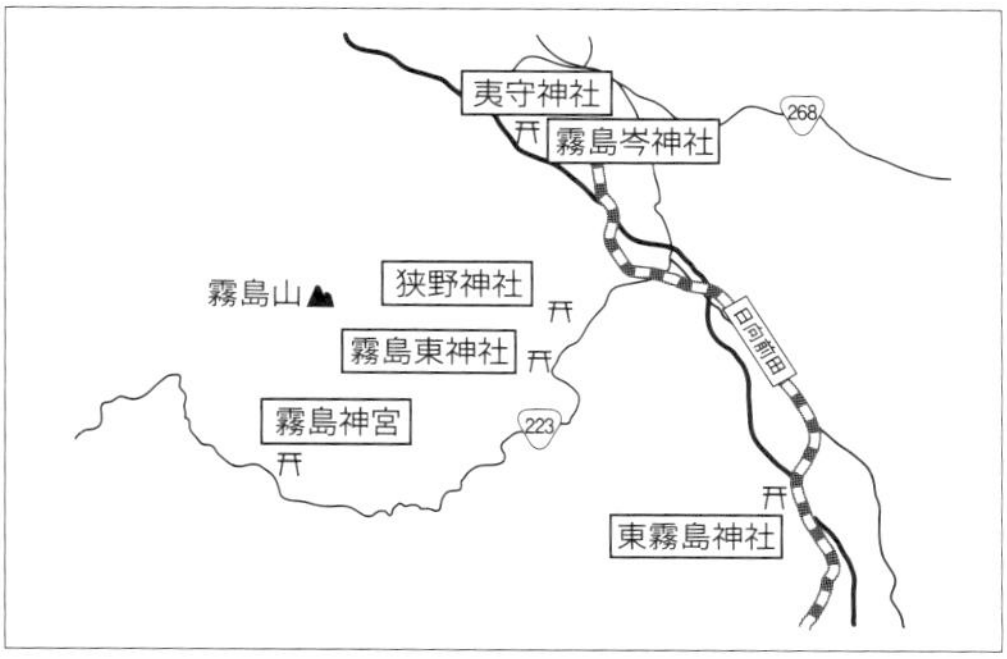

霧島六所権現

いう別当寺を建立し、これから霧島修験が始まったと言われる。

延喜五年（九〇五）の「延喜式」の日向国の神社四座について、児湯郡二座に都農神社と都萬神社、宮崎郡一座に江田神社、諸県郡一座に霧嶋神社（霧島岑神社）とあり、この頃には霧島六所権現がととのっていたと言える。

しかし、度重なる霧島山の噴火でこれら寺社は焼失、文書等の存在も確認できない。このため霧島修験に関しては殆ど分かっていない。

霧島信仰

霧島信仰は日向国および大隅国各地に浸透している。日向国高鍋藩では安永五年（一七七六）、「近頃、猥《みだ》りに霧島代参と言って大勢でかけるので禁止」したが、それでも代参願出は跡を絶たなかったとみえ、十年後の天明六年（一七八六）には、これまで「集落

霧島寺跡の円立院作仁王像

から一組の代参を許可していたがこれからは三、四集落で一組とする」と再度制限している（宮崎県立図書館『宮崎県史料第三巻高鍋藩続本藩実録上』）。

宮崎県各地に「霧島様」という神社や小祠が建立され豊作を願って祀っている。宮崎市郡司分の霧島山山上から銅製経筒が出土しているし、宮崎市跡江の霧島寺跡には古城護東寺の修験円立院が寛政十一年（一七九九）に彫った仁王像や享保四年（一七一九）の廻国供養塔など多くの石塔が残っている。霧島寺跡からは遠くに霧島山が望め、経筒が出た霧島様からも霧島山が見える。日南市の霧島神社は市内を一望できる通称乱杭野《らんぐいの》という山上に鎮座し、五月には豊作を祈念して作神楽《さくかぐら》が奉納される。

霧島山の西にえびの盆地、南には都城盆地が広がるが、両盆地は宮崎県内における優良な稲作地域で霧島山の豊かな湧水がそれを支えており、人々は田圃の畔に田の神を祀り豊作を祈念する。

㈡ 行《むか》縢《ばき》山《やま》

延岡藩内の修験霊山。現在の延岡市北西部に位置する岩峰の山、標高八三〇メートル。

日向国北部で勢力を持っていた土持氏の祈祷寺大日寺が行縢山麓にあったが、天正六年（一五七八）日向国に攻め入った豊後（大分県）の大友宗麟によって土持氏は攻められ、そのとき大日寺別当は戦死、寺領も没収され大日寺は荒廃した。

天正十六年（一五八八）高橋元種が縣《あがた》（延岡）に入り、慶長十年（一六〇五）には元種の娘が鰐口を奉納していることから、元種は大日寺再興に援助したと推測される。その後に入封した有馬氏は寺領二〇石を寄進している。現在の奈良市中之庄町で出土した経筒に、承応三年（一六五四）大日寺の法印実宥が奉納した納経請取書がある（關秀夫編『經塚遺文』東京堂出版）。

行縢山（830 m）。中央の滝は矢筈（布引）の滝

元禄五年（一六九二）有馬氏が転封、翌年入封した三浦氏は寺領の一部を行縢大権現に

与え、他は今山八幡宮別当寺全龍寺に与えられ大日寺は廃寺となった。しかし修験霊山としての信仰は続き、文化五年（一八〇八）北川（延岡市）の修験金剛院は行縢山の窟に参籠して七日七夜の断食行を行っている。

この金剛院は、文政元年（一八一八）には可愛岳《えのたけ》（標高七二七メートル）など諸所の霊山に籠り、さらに児湯郡尾鈴山白嶽で七日七夜の断食行を行っている。

尾鈴山（1405.2ｍ）を遠望する

(三) 尾鈴山

高鍋山伏は尾鈴山を修験の霊峰として信仰した。尾鈴山は標高一四〇五メートル、九州山地南東端に位置し藩内最高峰。多くの瀑布が存在し山の西方は小丸川源流の一翼をなし、東部は数本の小河川を形成し宮崎平野北部耕地を潤している。

治水が未整備であった明治以前、高鍋藩は日照りに悩まされ年に二、三回、とくに天候不順であった天明年間（一七八一〜一七八八）には年に五、六回、祈雨・祈晴の祈祷をしている。

東麓の川北（都農町）には都農神社別当寺である大泉寺配下の高鍋山伏と呼ぶ修験が多くおり、それら高鍋山伏は修験霊場の山として崇めた。

『宮崎縣史蹟調査』によると尾鈴山について、「木和田の遙拝所より戌の方三里を距る頂上に、鉾の峰と云ふ御社地あり。是なん即ち尾鈴神社の御鎮座まします所にして、社殿は一小石祠、数百の鉾ありて堆きをなす。此鉾たる、何時何人の奉献せしを知らず。（略）七八間方位は往昔より一種の草木だに生ぜず」としている。

烏帽子岳（1125 m）

㈣ 烏帽子岳・龍房山

烏帽子岳は西米良村と西都市銀鏡の境に位置し、標高一一二五メートル。腹巻崖《はらまきだき》と呼ぶ一〇〇メートルほどの絶壁の上には山の神を祀る洞穴があり、その近くには椀貸伝説を伝える山姫の洞穴もある。頂上付近には蔵王権現の石像と近くの崖には鎖場がある。腹巻崖はのぞきの行、鎖は鎖禅定の行を行った行場と思われる。

西都市銀鏡の龍房山（標高一〇二〇メートル）は銀鏡神社の神体山で岩長姫を祀る。龍房山の山麓には十二の集落がありそれぞれに鹿倉様という狩猟神を祭る。

㈤ 双石山

宮崎市南部の双石山《ぼろいしやま》（標高五〇九メートル）中腹に姥ヶ嶽神社が鎮座する。その奥宮の壁面には不動明王像と蔵王権現が線刻してある。明治以前、姥ヶ嶽神社は九平《ここのびら》権現といい役《えん》ノ行者《ぎょうじゃ》を本尊として祀っていた。現在は脇社に祀ってある。神社から奥の院へ向かう

右：胎内潜りを思わせる岩場潜り（双石山山道）
上：姥ヶ嶽神社奥宮の壁面に線刻された不動明王

山道には不動明王を祀る小祠、胎内潜りを想起させる岩場潜り、両脇が崖になっている馬ヶ背、絶壁の中程にある窟に中宮社が鎮座する。

文政十二年（一八二九）、儒者安井息軒が門下生を伴って双石山登拝をしたとき、二人の行者が窟で七日間の五穀断ち行をしていたことを記録している。

双石山の南に斟鉢山《くんぱちやま》が位置しその東峰に斟八神社が鎮座、境内に永禄三年（一五六〇）の十一面観音の石像が祀ってあり神仏習合であったことを知らせる。斟八神社が鎮座する山稜は霊山《りょうせん》といい可愛之山陵と伝えている。

江戸時代、双石山や斟鉢山がある宮崎市南部は飫肥《おび》藩清武郷といい、そこには南光院、長正院、万福院、正賢院（幕府領船引）などの修験者がいた。

二、修験道

山岳宗教と修験者

『修験道辞典』（宮家準編『修験道辞典』一九八六年　東京堂出版）によると、修験道とは日本古来の山岳信仰が外来の仏教（密教）・道教・儒教などの影響のもとに、平安時代末に一つの宗教体系を作り上げていったもので、山岳修行による超自然力の獲得と、その力を用いて呪術的活動を行うことを旨とする実践的な儀礼中心の宗教である。

わが国では古来、山岳は神霊のいる他界として崇められてきたが、奈良時代になると、外来の仏教や道教の影響を受けた宗教者たちが山岳で修行するようになった。

平安時代になると、天台宗開祖の最澄や真言宗開祖の空海による提唱もあって、密教僧は好んで山岳修行を行うようになり、その結果、加持祈祷でいちじるしい効験をあらわした密教僧は修験者と呼ばれ、それらは山に臥して修行したことから山臥《さんが》、山伏《やまぶし》とも呼ばれた。

修験者はやがて吉野（奈良県）の金峯山《きんぷせん》や熊野（和歌山県）を拠点に大峯山《おおみねさん》に入って霊地で修行したり、皇族や貴族の金峯山参詣（御嶽詣《みたけもうで》）や熊野詣の先達を務めたりした。

本山派と当山派

鎌倉時代には、熊野を拠点とした熊野山伏や、金峯山で修行し大和の諸大寺をよりどころとした廻国修験者の修験集団が形成された。熊野山伏は三井寺末の聖護院を総本山とする本山派になっていき、他方、廻国修験者も興福寺の後ろだてのもとに当山派と呼ばれる教団を作り上げた。しかし、当山派は室町時代中ごろから醍醐三宝院の管轄に入り、真言系の修験教団になり、羽黒山や彦山など遠国《おんごく》の山伏もそれぞれ独自の宗派を形成した。

江戸時代になると幕府政策のもと、全国の山伏は本山派（天台系）か当山派（真言系）のどちらかに所属させられた。遊行が禁止されたことから町や村に定着し、氏神や小祠の祭り、芸能にたずさわり、加持祈祷、卜占《ぼくせん》、憑《つ》きものおとし、芸能など多様な活動を行った。

この頃には修験者の影響もあって、大峯山・富士・木曽御嶽・白山・立山・出羽三山・石鎚山・彦山など、全国各地の霊山で庶民の登拝が行われた。

聖護院正門

京都醍醐寺三宝院の唐門

修験を体験する

大峰山絶壁で法螺を吹鳴する行者

羽黒山で（右が筆者）

西ノ覗行を体験する

峰入修行と験力

修験道の思想や儀礼は、峰入修行による即身成仏を主眼において展開、山中の森羅万象そのものを経とすることを旨としたが、実際には般若心経・法華経などが好んで用いられた。崇拝対象は大日如来とされているが、実際は教え導き難い衆生を救うために大日如来が仮に現した不動明王が崇拝され、峰中修行の際には死・受胎・母胎での育成・誕生を示す儀礼も行われた。

火渡り（延岡龍仙寺住職）

峰入修行をおえた修験者は、峰中で獲得した験力を示すために、火渡り・刃わたり、護法や動物霊を使役するなどの験術を行った。羽黒山の烏とび、吉野の蛙とびなどはこの例である。またその験力を用いて、小祠の祭り・加持祈祷・卜占・調伏《ちょうぶく》・憑きものおとしなど多様な活動を行った。

修験道の廃止と復活

明治五年(一八七二)修験道は廃止され、本山派の修験者は天台宗、当山派の修験者は真言宗に所属させられ、このとき多くの修験者は神職になったり帰農したりした。しかし、第二次大戦後、真言醍醐派(総本山三宝院)、本山修験宗(総本山聖護院)、金峯山修験本宗(総本山金峯山)、修験道(総本山五流尊滝院《そんりゅういん》)などの修験教団が相ついで独立した。

三、ある山伏の日常

修験者(山伏)たちは日常どういう活動をし、生業はどうであったのかなど疑問が出てくる。新富町新田須田家に山伏日記(新富町『新富町史資料編』)がある。前後が欠損し年代や作者は不明だが、内容から作者は新田八幡大宮司で上之坊九世鏡学院とみられる。日記は六月九日から九月十五日までの九十五日間凡そ三か月という短期間であるが、修験者の日常生活が如実に分かり資料的価値は高い。

六月九日福泉坊が京都へ出立。大勢が城下で見送り、鏡学院は佐賀利(宮崎市佐土原町)の船頭宅まで同道している。佐賀利は現在純然たる農村だが江戸期は湊があった。砂浜

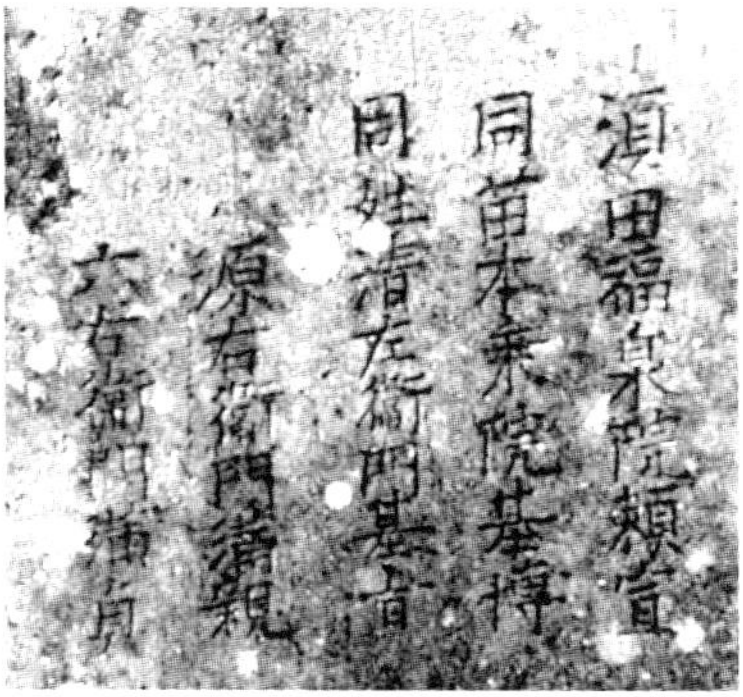

上之坊石碑

海岸しか有しない佐土原藩は一ツ瀬川右岸の佐賀利や徳ヶ淵、福島に水路を引いて湊を設置していた。川舟で川口近くの福島湊まで下りそこから船で上方へ向かうのが通常の形だった。

　三か月後の九月三日福泉院が帰る。出立するとき福泉坊は坊号であったが福泉院と院号に変わっていることから、京都醍醐寺三宝院で院号補任《ぶにん》があったと想像する。なお、上之坊歴代住職に福泉院頼有という一〇世がおり、日記にでる福泉院は上之坊一〇世と判断する。九世鏡学院が安政元年（一八五四）に没していることから、この日記は弘化・嘉永（一八四四～五三）の頃のものと考えられる。

95日間で76回の加持祈祷

　鏡学院は毎日加持や祈祷、祓い、占いに明け暮れるという多忙な日々を過ごしている。六月は二十二日間に二五回、七月は二十九日間に二三回、八月は二十九日間で一七回、九月は十五日間で一一回、都合九十五日間で七六回加持や祈祷を行っている。これらは日記の日数の八割で、殆ど毎日行ったということになる。一日に複数回祈祷することも通常のこと、一日四回つまり四人にそれぞれ祈祷するという日もあった。例えば、

七月朔日、「柳瀬村惣左衛門倅病気ニ而祈祷なり、弥左衛門妻加持、権多郎娘加持、休右衛門娘加持、夕九ツ時帰宅ス」

七月二日、「朝、岡富村長衛門病気占、長友平左衛門占、柳せノ傳右衛門方へ加持参り、当村ノ六衛門倅加持ス、終日、長友平左衛門倅病気ニ而一千座祓、本乗院両人ニて相勤也」

とある。一日、四人の加持・祈祷で真夜中十二時頃帰宅、翌二日も四人に終日祈祷する。前日、夜中まで祈祷したこともあり本乗院に加勢を頼んでいる。本乗院は山之坊の山伏、須田姓で鏡学院とは縁戚に当たる。

七月四日も終日祈念をしている。岡富や柳瀬は上之坊から数キロの集落、祈祷で出かけた中で最も遠い所は十数キロ離れた三財石野田（西都市）、依頼があればどこでも行った。

修験寺は檀家が無いので信者の祈祷料やお祓い料が収入となる。祈祷理由の最も多い

のは病祈祷。医学が未熟な時代では体調不良が生じると修験者に祓ってもらうこと以外に術がなかった。

呪　符

山伏は祈祷や呪いの後患者に呪符を与えた。例えば「男ノハレ物マジナイノ符」「女ノハレ物ノ符」「人眼病ニ呑」「目舞ノ時呑」「男女敬愛符」「虫喰い歯ニ呑」「子安之守符」「疱瘡之守符」など百例ほどある。その多くには札中央に「急々如律令」の文字、もっとも「急」の文字は口偏に急の「喼」である。

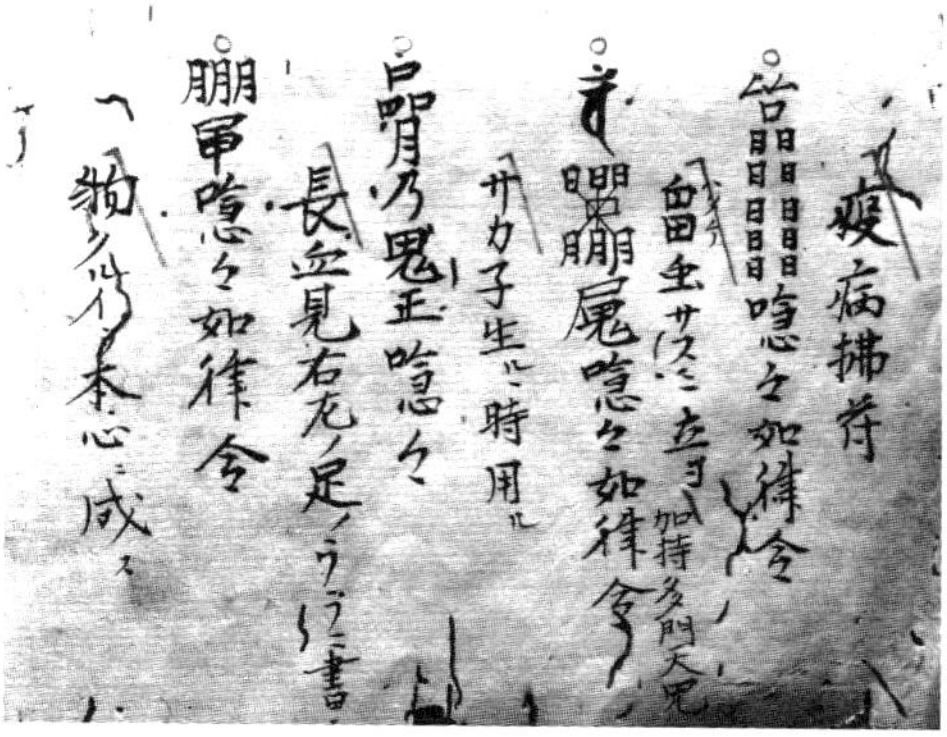
愛染王百符

『修験道辞典』によると、「喼々如律令《きゅうきゅうりつりょうのごとし》」は「悪魔降伏のための呪文。本来道教のものであるが、修験道でも多くの符に記されて広く用いられた」とある。その意味は字義に従えば、律令を施行するように符の効果が早いことを示している。

しかし『修験檀問愚答集』では、「悪魔を防禦、教戒し降伏する意味を持つとされている」という。

須田家に残る事例（文例）集は「愛染王百符」といい、これと同様のものが宮崎市金崎の平山家、宮崎市田野町の津田家にも残っている。平山家は高鍋藩諸県山伏宝寿院で明治初期金崎神社宮司となった家柄、津田家は飫肥藩修験寿正院の家柄で呪符見本は両家とも「不動百符」と言った。山伏は前以て呪符を書いておき祈祷後渡したものであろう。

雨乞い、施餓鬼、月待ちと多忙な日々

この年六月は田植え時期をむかえても降雨がなく、十五日は新田八幡宮で村挙げての雨乞い祈祷をしている。しかし効果がなく二十四日に村中総出の雨乞い踊りを行い更に二十九日再度雨乞い祈祷を行っている。

七月は盆、新田でも施餓鬼が行われ山伏らは盆行事に明け暮れる。七日「朝、施餓鬼、御影供八幡宮御神事」、十三日は善教院、十四日は東福寺の施餓鬼に参加し、十五日は自宅で施餓鬼を行い、夕方、墓参りを済ませるなど多忙な盆を過ごしている。

七月十八日佐土原城下安宮寺の月待ちに行く。安宮寺は野田泉光院（日記が記述された頃の住職は九代長泉院）が住職をしていた寺で佐土原藩主島津家の祈祷寺、泉光院は毎年大峰山登拝をしている。藩から二〇石を給され藩内山伏の帳本、鏡学院らは泉光院配下山伏であった。鏡学院は月待ちだけでなく、七月十八日晩には御初尾を持って参り午前三時頃帰っているし、二十二日も焼酎持参で参っている。八月一日にも訪問するなど親しい間柄であったことが理解できる。

駄祈祷（都農町）

二十三日は新田の月待ちを行った。信仰的講は月待ちの他に庚申講、水神講、地蔵薬師講、弥勒講があり、盛んに行ったことを記述している。

祓いから農耕祈祷まで幅広く

八月は祓いの月、日記をつけている鏡学院は十一日に自身祓いをしている。「朝、自分ノ穢祓也

（略）」、長友三之丞や長友覚右衛門などの名が日記にあり、彼らは月例祓いを行った記述があることから、人によっては毎月定期的にお祓いを受けていることが分かる。

八月二十六日は中村と東村両村で牛馬祈祷、二十九日は柳瀬で牛馬祈祷を行っている。なお、佐土原の北、高鍋町では「駄祈祷《だきと》」「駄祈念」という豊年感謝の水神祭を旧暦九月に行う。寺迫では水神祠の前で山伏姿の長福寺（江戸時代は修験寺）住職が祝詞をあげる。その他篠別府、福原尾などでも行った。

本編

近世日向の修験道

――日向各藩における修験者の活動と藩政とのかかわり――

はじめに

藩政時代

日向国（宮崎県）は、北から延岡・高鍋・佐土原・飫肥の四藩と現在の都城市や小林市など県南西部をしめる薩摩藩があり、それに加えて日向国各地には幕府領が点在していた。

ここでは、江戸後期の四藩と幕府領の修験道について報告する。薩摩領であった都城や諸県は史料関係で省いた。

日向各藩領域図

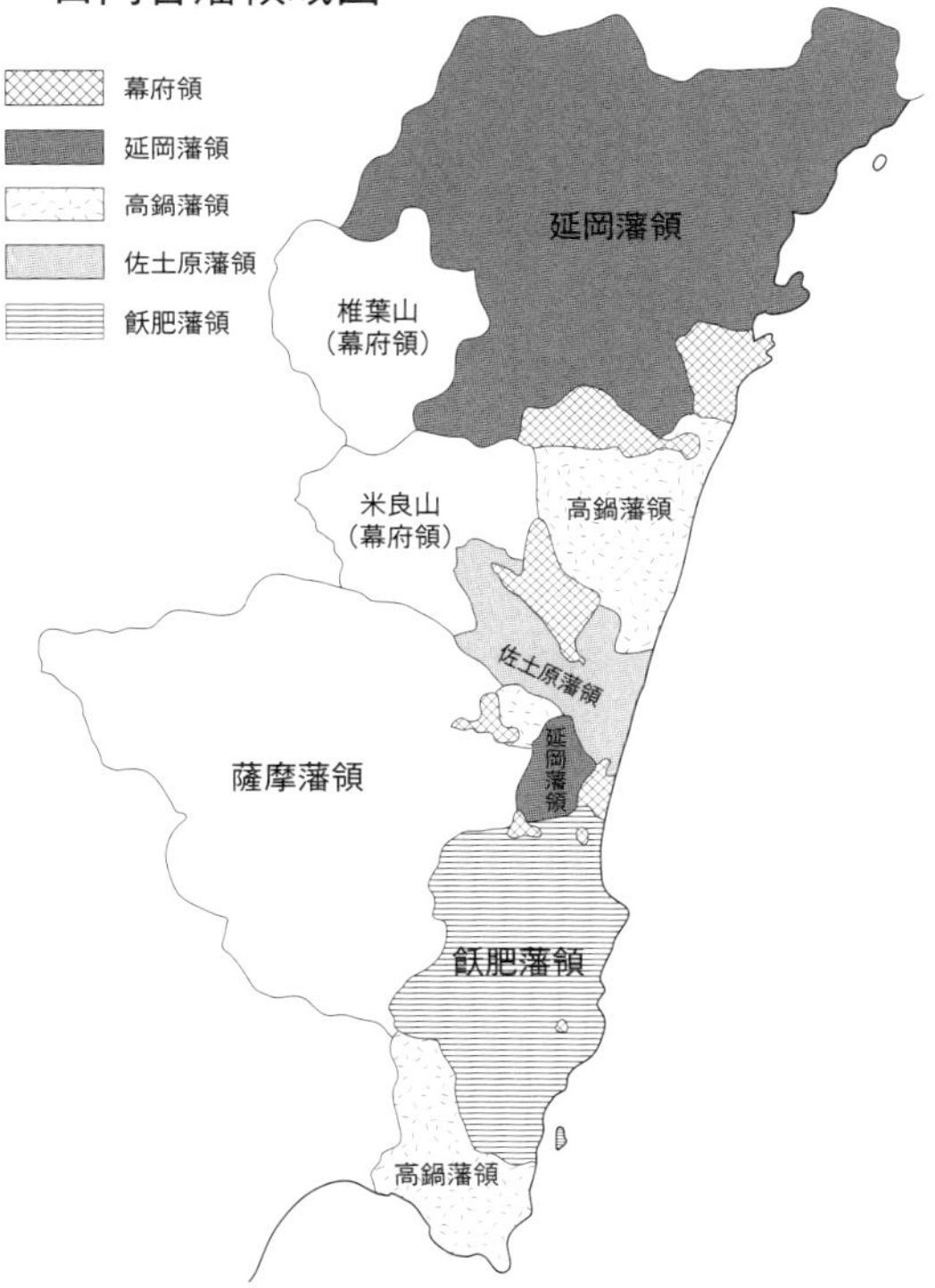

第一章　佐土原藩と修験

佐土原藩は日向国（宮崎県）中部に位置した薩摩支藩。三万石。外様。天正十五年（一五八七）豊臣秀吉の島津征討後も、それまでの領主島津家久が佐土原を安堵されるが、同年家久は病死し嫡子豊久が後を継いだ。慶長五年（一六〇〇）関ヶ原戦で豊久は島津義弘による敵陣突破のとき殿《しんがり》となり戦死した。

関ヶ原戦後、佐土原は幕府領となるが、同八年島津以久に佐土原を与えられ佐土原藩が成立、以久を初代に十代続き明治を迎えた。

一、寺社取扱

江戸後期と思われる「佐土原藩分限帳」に寺社方の「社領」が記載されている。社領として挙げられている中の禄高と修験を挙げると次のとおりである。

妻万領三一五石の内二〇石
諏訪領一〇三石の内五〇石
安宮領二〇石
稲荷領二〇石の内七石
下宮領一〇石の内五石
入田八幡領一〇石の内二石五升
三納長谷観音領七石二斗の内一石
花園春日領五斗五升五合
薬師領三斗三升三合
山之坊毘沙門領四斗四升五合
川床毘沙門領四斗六升九合
新田羽広領一石二斗
野久尾今宮領一石七升五合
伊倉権現領一石三斗

一乗院
諏訪坊
野田長泉院
野田長泉院
連教院格護
教学院（外に一ヶ所大宮司屋敷）
本学院格護（外に一石五斗七升六合）
養賢院格護
南泉院格護
本乗院格護
宝鏡院格護
蓮光院格護
大正院格護
一乗院

妻万領三一五石余が筆頭に挙げられている。妻万神社（都万神社）の所領である。そのうち二〇石が一乗院という山伏に給されている。江戸時代、妻町（西都市）は佐土原領（飛び地）であった。妻万宮は明治以降都萬神社と改称された神社のこと、創建は古く「延喜式」に都農神社、江田神社、霧島岑神社とともに日向国式内四座とされ、都於郡伊東氏がこの地を治めるようになると同氏の崇敬を受け、社殿改築などが行われた。江戸期は佐土原藩領となり島津氏の崇敬を受けた。

次の諏訪領とは諏訪大明神（諏訪神社）の社領で、一〇三石は佐土原藩内では破格の待遇。諏訪坊はその一〇三石のうち五〇石を給わる。

慶長九年（一六〇四）佐土原に入封した島津以久は自家の守護神仏として、諏訪大明神と天下大明神、稲荷大明神を薩摩から佐土原に移した。諏訪大明神は天文十九年（一五五〇）以久誕生の氏神として尊崇され、池田与兵衛（一五石）を神職に定め、諏訪坊頼誉を宝珠山諏訪別当に任じた。池田家は以久の父忠将以来の家臣で佐土原の氏神となった諏訪大明神の神職を務め、諏訪坊は諏訪大明神の別当として祭例などを指揮した。明治以降、諏訪宮は広瀬神社に合祀されている。

三番目の安宮領は安宮寺のこと、島津家の祈祷寺安宮寺は野田家が代々住職をつとめる修験寺院で、他に稲荷領つまり稲荷大明神の別当も兼帯していた。以下、新田八幡宮は八幡神社、花園春日社は春日神社となる。

江戸時代、神社は神職ではなく社僧であった別当が神事や行事などの運営で指導的立場にいた。例えば新田（「佐土原藩分限帳」では入田とある）八幡宮（新田八幡神社）には一〇石を給されていたが、教学院はそのうちの二石五斗と一ヶ所大宮司屋敷を給された。他に野田弥左衛門、河野肥前（神職）、井上出雲（神職）、井上左近（神職）、勢井若狭（神職）も禄を給されていたが、教学院が最も多かった。妻万宮一乗院、諏訪社諏訪坊、下宮社連教院、新田八幡宮教学院、花園春日宮養賢院、山之坊本乗院、川床社宝鏡院、新田羽広社蓮光院、野久尾今宮社大正院、伊倉権現一乗院などもそういう地位にあった。

佐土原藩分限帳には一乗院以下一三の修験名があるが長泉院だけが野田姓が付いており、藩の扱いが他と異なることを示している。

二、佐土原藩内山伏

前出「佐土原藩分限帳」には「山伏」の項があり、それには野田長泉院を筆頭に二五人の山伏が記載してある。

野田長泉院　二〇石
他に一ヶ所大宮司屋敷

岩　爪	三玉院	七石
都於郡	真乗院	五石
〃	実珠院	三石
野久尾	善玉院	八斗三升八合
	本李院	一ヶ所屋敷
	良俊院	三石
田　中	円乗院	一ヶ所
新名爪	文殊院	〃
都於郡	吉祥院	〃
〃	蓮教院	〃
〃	光昌院	〃
〃	長巌院	〃
富　田	光厳院	〃

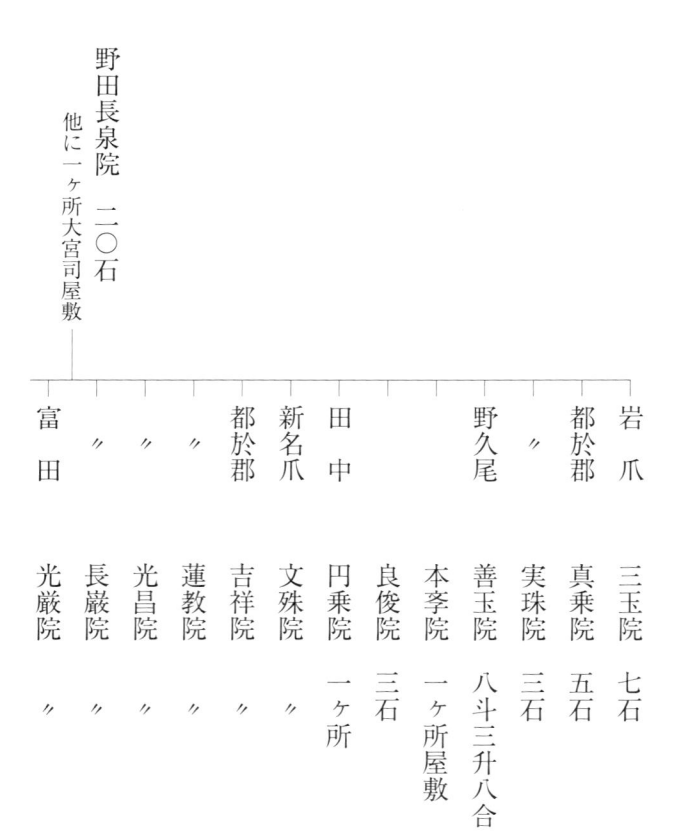

三才月中	良泉院 〃
	大正院 〃
	泉学院 〃
三　納	蓮昌院 〃
〃	三学院 〃
荒　武	円実院 〃
	大龍院 〃
	円明院 〃
片内尾泊	昌仙院 〃
徳ヶ渕	存性院 〃
都於郡	長徳院 〃

山伏筆頭の野田長泉院は安宮寺の住職、同寺歴代住職には長泉院を名乗る行者が三人おり、分限帳に記載されている他の山伏名から九代長泉院成樹と思われる。長泉院の二代前住職の野田泉光院は日本国内の修験霊山九峯を廻った人物で、『日本九峯修行日記』

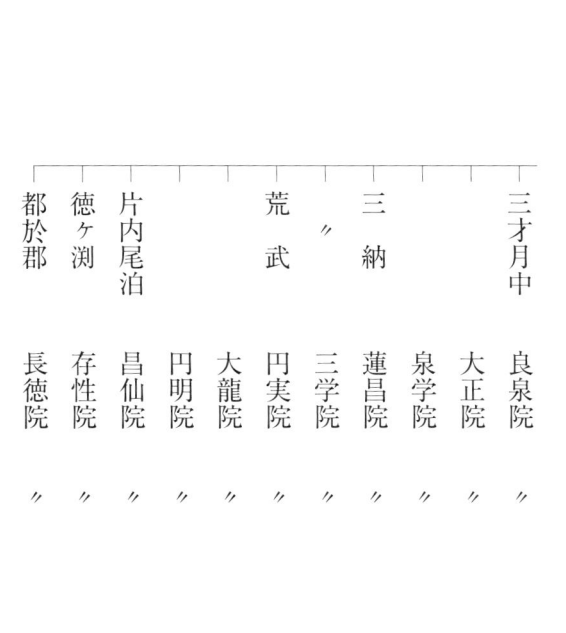

を残している。

泉光院は九峰修行出立に際し、日記冒頭に「我たまたま修験の家に産れ、を丶けなくも此辺り数十人の山伏等を支配する身として（略）」と記し、藩内修験の元締めであることを述べており、分限帳にある二四人の修験は安宮寺配下である。

文化九年（一八一二）九月三日佐土原を出立した泉光院は、翌四日午後四時過ぎ芳士（宮崎市）の大光院という修験の寺に立ち寄る。この大光院は安宮寺配下であるが分限帳には記載されていない。須田家文書にある山伏日記（前述）には福泉院、良俊院、大泉院、永寿房、養学院、一乗院、善教院、東福寺、大乗院、本乗院、大鏡坊、善学院など新田山伏の名がある。これら山伏の多くは分限帳に記載されていないことから、佐土原藩全体では結構多数の山伏がいたと推察する。これらも野田泉光院の配下であったと解される。

ただ、妻万宮一乗院と諏訪社諏訪坊はそれぞれ二〇石、五〇石を給され、泉光院と同格またはそれ以上であることを鑑みると二人は泉光院配下ではなかったと思われる。

野田泉光院墓（佐土原町）

野田泉光院像（宮崎県立図書館蔵）

三、野田泉光院と九峯修行

㈠ 帳 本

修験道や宗教民俗などの研究分野で広く名が知られている修験僧に佐土原藩の野田泉光院がいる。それは泉光院五十八歳のとき諸国の当山派修験見聞役として九州・山陰・北陸・中部・関東・奥羽・東海・近畿と廻った記録を、昭和十年（一九三五）泉光院五代の孫杉田直氏が『日本九峯修行日記』（※1）として刊行したことによる。

泉光院は佐土原藩真言宗安宮寺八代の住職、宝暦五年（一七五五）長泉院重秀を父として佐土原に生まれ、当山派大先達の修験となり泉光院と称した。名は成亮、俳句をたしなみ楊柳軒一葉を称することもあった。

野田家はもともと薩摩国（鹿児島県）出水庄野田郷を領する武将であったが、永禄四年（一五六一）七月、肝付兼続討伐の戦いのとき島津忠将とともに野田行久も戦死、行久は十六歳であった。そこで忠将の子島津以久は母親の甥に当たる庄右衛門に野田家を継がせた。慶長八年（一六〇三）島津以久が佐土原に入封したとき、藩主以久の命令で庄右衛門は修験僧になり安宮寺を開山、同寺は藩主島津家の祈祷寺として藩から二〇石を給され、歴代藩主の代参として毎年大峰山入峰修行を行った。

泉光院を描いた書画幅に「入峰三十七度、奥駈十有」と書いてあり、これから類推すると泉光院は二十歳代初めには峰入りや奥駈け修行を行っていたことが分かる。

当山派修験では地方の山伏を統括する地位の者を袈裟頭に任ずるが、野田泉光院は佐土原藩修験最高の座にありながら醍醐寺詣での記録は少ない。

享保七年（一七二二）□月二十八日　那珂郡佐渡原泉光院重通　出世

文久三年（一八六三）六月二十三日　那珂郡佐土原安宮寺通證　帳本継目

醍醐寺の文書（※2）には袈裟頭拝領の記録は見られず、文久三年の項に「安宮寺通證

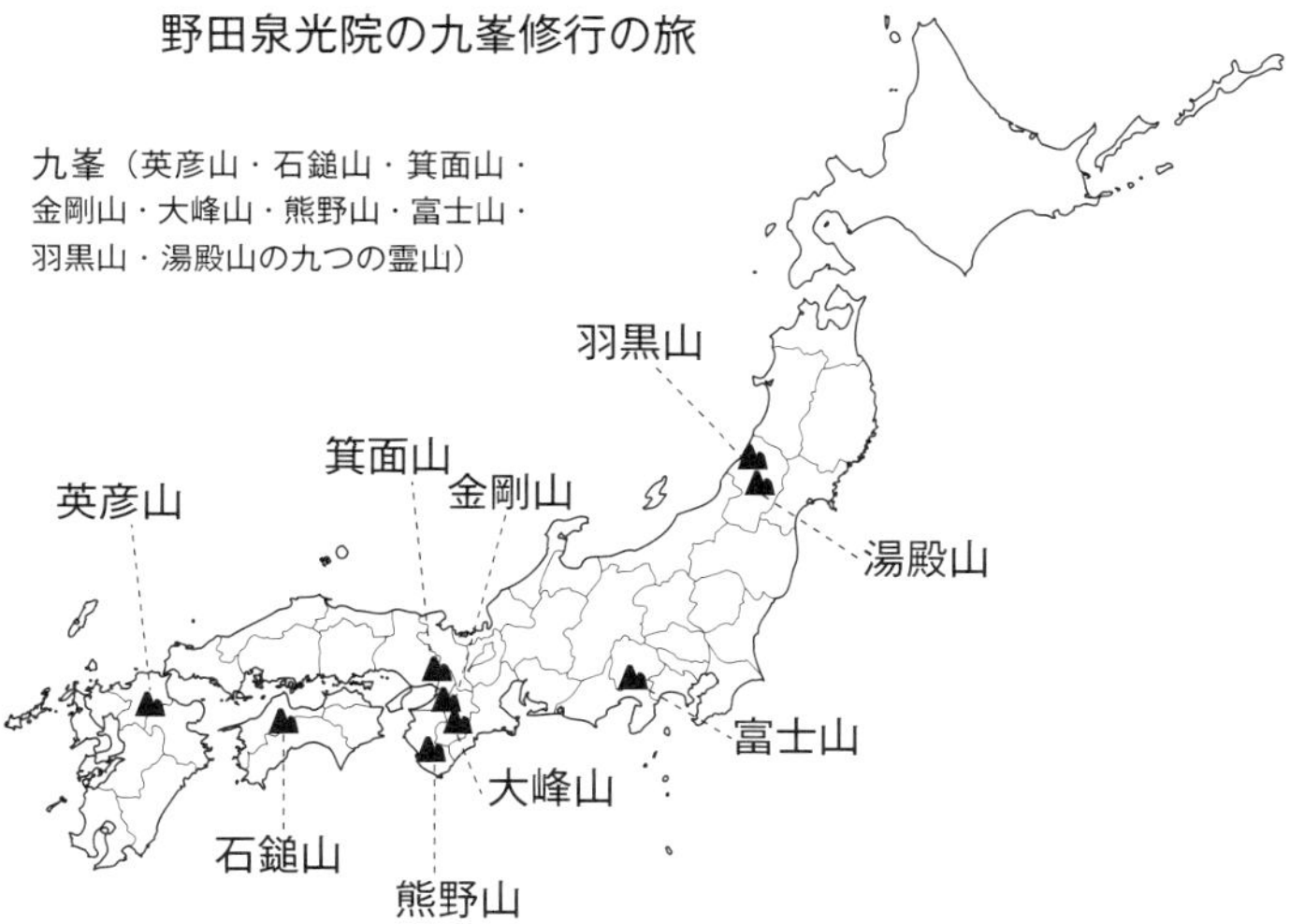

帳本継目」とあり代々「帳本」を拝領したことが分かる。『修験道辞典』によると、帳本とは当山派における末寺支配のための役職の一つで、袈裟頭と同様に特定の組ごと又は地域ごとに設けられたとあることから、当山派修験組織では袈裟頭ではなく帳本だったということになる。

㈡ 九峯修行

泉光院は藩主の許可を得て、安宮寺住職を息子に継がせたうえで修験霊地を巡る旅に出るが、これは諸国の修験の実態を見聞する用務も兼ねており本山醍醐寺三宝院の承認を得ていた。

九峯とは英彦山・石鎚山・箕面山・金剛

山・大峰山・熊野山・富士山・羽黒山・湯殿山の九つの霊山を指し、これは泉光院が独自に決めた霊山で特にこれらが一般的・客観的に決まったものではなかった。廻った諸国はほぼ全て、廻国していない国を挙げると壱岐・対馬・隠岐・佐渡などの離島と東北の陸奥・陸中それに四国の阿波・讃岐・土佐である。先述の『日本九峯修行日記』はこの旅の記録であるが、当時の庶民生活や廻国者に対する各藩の対応などがリアルに分かることから研究者によく採り上げられている。

民泊

泉光院は旅籠など宿泊施設には殆ど泊まらず行く先々で泊めてくれる家を探す。素姓の明らかでない旅人を泊めるということは現在では考えられないが、当時廻国者を泊めることは特別なことではなかったとみえ、泉光院と同伴した強力平四郎が野宿した記録はない。

飫肥藩宮浦（宮崎県）で雨降りとなり栄吉という者に宿を求める。栄吉は快く承諾した上、「出来合いの飯だけど」と言って昼食を出してくれた。泊めてくれた家で食事ができることはまずない。さらに雨天で二晩も泊まったことから翌朝出立のとき茶代を出すが一銭も受け取らなかった。栄吉宅宿泊の前日、内海（宮崎市）で宿泊したときも「日本回国行者なれば」と一銭も受け取らず出した謝金を返されている。

高鍋藩福島八ヶ谷（宮崎県串間市）では、お上が旅人を泊めることを厳しく禁止しているということでどこも泊めてくれず困っていると、鬼瓦のような顔つきをした大男が無骨な言葉で、私宅は狭くむさ苦しいが一宿のことだからと言って泊めてくれた。これと似たことが長崎でもあった。文化九年（一八一二）十二月十日、この日は終日雨。ここは旅人を泊める旅籠などが決まっており他で泊めることはできないという。廻国六部体の修行者を泊める家があると聞いて三〇〇メートルほど山道を上り三、四軒宿泊を依頼するが断られ途方に暮れていると、

「年齢四十計の大男立寄り、各々方何れの国の人ぞ、見れば老僧さぞ難儀ならん、吾々方へ麁宅ながら今夜宿参らせんと云ふ、地獄にて地蔵に逢ひしもかくやあらんと此方へ行く」（『日本九峰修行日記』）

稀に千人宿とか善根宿に泊まることもある。千人宿とは廻国行者や巡礼者を無銭で泊めその数千人を目指し、その行為で宿主は仏の功徳を得るという考え、善根宿も同様の宿で四国遍路に多くの善根宿がある。

文化十二年二月十四日綾部（京都府）でのこと、この日は日中霰が降り、日も西に傾き風は烈しいので廻国千人宿に宿をとった。

「回国人の座別にあり、炬燵もあり、夜具もあり、併し乍ら布団の類は夙数知れず居る故、片付けて置き座せり」（『日本九峰修行日記』）

泊めてくれる家が決まると鍋など借りて自炊する。これは当時の旅では当たり前のことで、泉光院らは托鉢で米と銭を調達して旅するが、一向宗門徒や日蓮宗信者の多い地域、領主が托鉢禁止している藩は早々に立ち去っている。

咎めなしの関所

藩境には巡礼や廻国者、旅行者を取り締まる関所とか番所があったが、泉光院らが旅した江戸後期はどの藩も殆ど咎めなしで入国したとみえ越境時の記載は殆どない。例外は薩摩藩、莫大な借財のため幕府が禁じていた琉球や中国との交易いわゆる密貿易の発覚防止と、もう一つは一向宗弾圧による隠れ門徒の他藩逃亡並びに真宗僧薩摩入国取締りのため、これらを監視する辺路番所を藩境に一〇〇か所以上、出入国を吟味する境目番所九か所があった。薩摩藩は鎖国をしていた日本の中に更に鎖国をするといういわゆる二重鎖国の状態であった。

　薩摩領内を巡国した人物の扱いを見てみよう。寛政四年（一七九二）三月、勤皇家高山彦九郎は肥後から薩摩へ入ろうとして、肥後口の出水郷野間原で足止めされた。薩摩から肥後へ通じる西目筋にある野間関と、薩摩から日向・豊後へ通じる東目筋にある高岡去川関（宮崎県）の二つの境目番所は、最も重要な押さえで出入国を厳しく吟味した。彦九郎は手形を持っていなかったために、野間関で十日余り入国を阻まれたのであるが、このとき「薩摩人いかにやいかに苅萱の関もとざさぬ御代と知らずや」と詠んでいる。薩摩が入国を渋った理由は諸国の状況を領内の者に知らされては困るというのが根本にあったようだ。彦九郎が尊王の士であることは薩摩でも知れており、行く先々で幕府や他藩の情勢を語られることを嫌ったのである。

野間の関所跡（鹿児島県）

　天保八年（一八三七）松浦武四郎が高岡（宮崎市）に

来たとき薩摩関所での扱いを的確に記述している。

「薩摩侯の領内は国法が厳重で、余この辺（高岡月知梅）へ立入る節も、夏井口（鹿児島県志布志市）の番所で往来手形を改め、荷物や路用の銀子など微細に帳面に記し、行く先々まで委細に吟味、入国時申請した見物場所以外は一切横道へ立入る事を許さない。また琉球の諸品物を私的に買取りしないという証文を書かせて爪印を取り、人相書を添えた手形を持たせ、番所からは宰領を付け問屋まで送り届けた。問屋で手形を書き添え行く先々の郷士宰領に送られれば、領内で珍しいものや旧跡について数多く聞いたが、最初に申請した個所以外は一切見物を許さず甚だ残念の至り」とある（※3）。

話を野田泉光院にもどす。文化九年（一八一二）九月十六日、泉光院は夏井境目番所から薩摩へ入っている。入国手続きは他国の者と同様であったが、泉光院らが薩摩支藩である佐土原藩の手形を所持していたことから、宰領は付けず領内廻国自由を認めるという特別扱いをされた。

自由だった諸国往来

泉光院の日記で驚くことは旅の途中多くの佐土原藩の者や佐土原藩ゆかりの者に出逢

廻国供養塔寺原仲次郎碑
（西都市三財）

六十六部行者宿碑
（宮崎市跡江）

六十六部風俗図

っていることである。
熊本では佐土原の憩梅庵に滞在したという六部、長洲（熊本県）で四国遍路を済ませ長崎へ向かう佐土原下那珂の者、長崎では佐土原黒貫寺末寺の僧に会い、福岡で佐土原三財の足軽寺原仲次郎が徘徊していることを聞き、久留米では佐土原大光寺の古月和尚が開山した寺を訪ねるが、そこで瓜生野金剛寺の弟子であった祖卯がおり、祖卯は泉光院も知っている僧であった。

鳥取倉吉では佐土原大安寺で三年ほど世話になったという僧、福井では佐土原出身の医師饗庭大学、京都で喜右衛門の家に宿泊させてもらうが、この家には佐土原三納の廻国半七が泊まったということであった。金沢では天徳院という曹洞禅寺に参るが、そこには佐土原大安寺の弟子で泉光院も知っている僧がいた。栃木では都於郡黒貫寺で五、六日世話になったという僧、仙台で横山不動に参るが住持は佐土原大安寺の弟子であったし、瑞鳳寺の霊屋鎖取は日向飫肥出生の出家であった。

文化十三年（一八一六）八月晦日、山形成田村の染屋金六という家に泊めてもらう。「成田と云ふに行きたる所、染屋金六と云ふ者の宅へ先年日向佐土原領雀塚村の六部甚吉と云ふ人回国に出で、永々滞留し帰国の上礼状届けたり、四百里余りの処懇ろ也とて今に所持し居る趣、話し聞きしに付尋ね行きたる処、無相違事也、因て甚吉のこと話し聞かせけれが吾々共へも一宿せよと申すに付宿す」（『日本九峰修行日記』）。甚吉が帰邑し雀塚に建立した廻国供養塔から、染屋金六宅に泊まったのは寛政十年（一七九八）頃、十八年も前のことだった。

千葉の円光寺という寺を参詣すると、この寺に都於郡の大光寺弟子恵林という僧が来ていた。伊豆下田では佐土原藩江戸用船問屋喜右衛門の店があり、愛媛八幡浜では四国遍路に旅立つ美々津（日向市）の清太郎母親に出会っている。

江戸後期ともなると人々は自由に諸国を往来していたことが分かる。

㈢　須田南学院

新富町の新田神社西隣に、「九峯修行供養塔」と刻字した一・五メートルほどの石塔が建っている。

種字　九峯修行供養塔

　　　　　　　　　　　供養導師　前竜池山先達成亮

文政五壬午年十月六日建之　修行者　大越家南学院基奉

九峯修行供養塔（上之坊新田八幡脇）

文政五年（一八二二）十月六日に建立されたもので、九峯修行したのは大越家《だいおつけ》南学院基《もと》奉《とも》という修験、この供養塔建立に際して導師を務めたのは前竜池山先達成亮。竜池山先達の成亮とは竜池山安宮寺八代住職野田泉光院成亮のことで、南学院が九峯修行を無事終え、その偉業を称える供養塔建立の神事に際して泉光院が導師を務めたことが読み取れる。

この供養塔を野田泉光院の九峯修行を讃える石碑と誤って主張する複数の研究者がいるので敢えて次の例を示す。新田の塚原に祀ってある役ノ行者像。光背に、

奉新建立神変大菩薩尊像一躰

時于　文政四辛巳年十一月初六日

願主　蓮光院七十三歳

南秀院四十六歳

開眼供養導師　大先達成亮六十六歳

前安宮寺（略）

佐土原上中町　松元才蔵作之

（『新富町史　資料編』）

像を彫刻したのは佐土原の松元才蔵、奉納したのが蓮光院と南秀院、彫った木像は開眼してはじめて仏像となるのだが、この大事な開眼供養仏事を主導したのが野田泉光院だった。願主の蓮光院は修験だから仏の開眼はできるが、藩内修験のトップである泉光院に依頼したものである。

さて、話を上之坊境内に建立された九峯修行塔に戻す。碑銘にある大越家南学院は須田南学院基奉、後に鏡学院を名乗る。須田家系図によると南学院は上ノ坊八世、権大僧

都、大越家である。

須田家はもともと武士であったが満有のとき山伏となり大泉院を名乗る。大泉院は鷹匠としての技に長け、それが薩摩島津義久の耳に入り家臣に召し抱えられた。大隅山田ノ庄を給い須田を改め山田を称したが、天正九年（一五八一）十一月義久のために殉死し、嫡子がいなかったため兄須田周防守満明の子真光坊満隆に継がせた。大泉院を初代とすると二代が真光坊満隆、三代福泉坊満隆、四代南鏡院満玄、五代鏡覚坊満寛、六代南学院基秀、七代鏡学院基舒、八代南学院基奉、九代鏡学院基定、十代福泉院頼有、十一代教学院基有となる。

佐土原藩の「佐土原藩分限帳」「寺社方分限帳」（年代不明）に、

「拾石　新田八幡領　内二石五斗　教学院　外に一ヶ所大宮寺屋敷」

とあり、須田家は歴代新田八幡領一〇石と大宮司屋敷一か所が給されている。鏡学院や南学院、福学院などそれぞれ名乗ったが公的には教学院（鏡学院）であった。大宮司屋敷は上之坊のことで新田八幡神社境内の西に接し、稲荷大明神を祀る小祠と石灯籠その他が現存する。文政五年の「九峯修行供養塔」は上之坊（新田八幡神社境内ではない）に建立されている。

野田泉光院は文化九年（一八一二）九月九峯修行に出立、文政元年（一八一八）十一月六日に帰邑するが、この泉光院の偉業を目の当たりにした南学院は自身も実行しようと泉光院の指導を受けて出立したと解される。泉光院は目的の修験霊場を巡拝するのに六か年余費やしているが、托鉢で路銀を調達しながら旅先の寺院に納経するなど、先を急がず気に入れば二か月も同一地に滞在するという悠長な旅だったからである。

南学院が九峯登拝を主眼におき、泉光院のように寄り道や回り道しないで廻国したなら一年を費やさないで九峯霊場を登拝することは可能と思われる（※4）。ちなみに江戸後期、日向国から四国遍路をした者は、八十八ヶ所巡拝に一か月、四国往復に一か月都合二か月であった。当時は一日一〇里（四〇キロ）歩くことは普通、四国八十八ヶ所一周は凡そ一、三〇〇キロと言われるから一か月で巡拝することは順当と判断する。

泉光院の偉業を知ってただちに出立しても文政五年に帰ることは十分可能なことで、南学院の九峯修行無事達成は泉光院にとっても喜ばしいこと、供養塔建立神事に関して南学院の導師依頼も快諾したと思う（※5）。

(四) 泉光院建立の九峯修行供養塔

佐土原の安宮寺址に「種字　九峯修行供養塔」と自然石に刻字した石碑がある。現在は大半が宅地となり民家が建てこんでいるが、一部畑地となっている箇所がありその中央にこの石塔は建っている。建立年や建立者などの記銘が確認できないが野田泉光院が建立したことは明らか、泉光院直筆『九峯修行日記』表紙の文字が供養塔の筆跡と酷似することから泉光院自ら建立したものと判断する。

九峯修行供養塔

須田南学院の九峯修行供養塔（上之坊址）

野田泉光院の九峯修行供養塔（安宮寺址）

『日本庶民生活史料集成』に泉光院の日記が掲載されるが解題を鈴木棠三氏が書いている。その中で「泉光院は帰国後、安宮寺の一角に大きな自然石の供養塔を建てた」とあり、安宮寺址の供養塔は泉光院が建てたとしている。

新田八幡神社脇の上之坊址に建つ「九

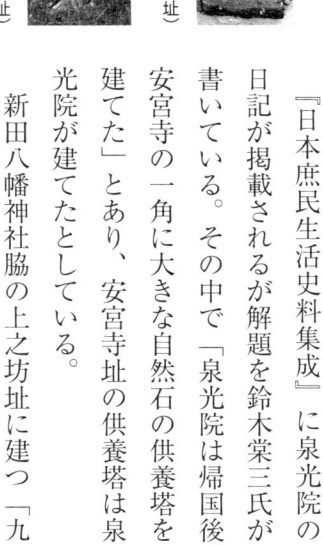

峯修行供養塔」の刻字をみると、安宮寺址に建つ「九峯修行供養塔」と筆跡が同じ、上之坊跡に建つ供養塔文字は南学院の依頼で野田泉光院が揮毫したものと確信する（※6）。

※1　『日本庶民生活史料集成第二十六巻』「日本九峰修行日記」三一書房

※2　醍醐寺の文書。題名不明、「日向」とある。袈裟頭や官位など授与したメモ風の記録で享保七年から明治二年まで記載してある。複写を延岡光明寺住職谷山光永氏からいただいた。

※3　『松浦武四郎紀行集中』吉田武三編　冨山房

※4　小嶋博巳『日本石仏』157「廻国供養塔から六十六部を考える」日本石仏協会　二〇一六年「日本全国六十六か国の国ごとのしかるべき寺社に大乗妙典すなわち法華経を奉納するという名目で行われる巡礼、（略）所要期間の長さ（略）いちばん要領よく回っているものでも一年数か月」

※5※6　前田博仁『みやざき民俗第64号』「もう一人いた九峯修行山伏　新田修験南学院基奉」宮崎県民俗学会

第二章　飫肥藩と修験

飫肥藩は日向国（宮崎県）南部に所在した。外様。五万一〇〇〇石。天正十五年（一五八七）豊臣秀吉の島津征伐に戦功をあげた伊東祐兵は那珂郡飫肥（日南市）、宮崎郡曽井・清武（宮崎市）を給された。祐兵を初代に十四代続き明治に至る。

一、飫肥修験

㈠　三部快永と祐光寺

近世の飫肥修験は初代藩主伊東祐兵が飫肥に入部したことから始まる。祐兵は飫肥城下の南に位置する愛宕山中腹に祐光寺を創建、修験僧三部（峯）快永が開山し飫肥藩修験の総取締となった。

三部快永墓

中世、伊東氏は都於郡（西都市）を拠点に日向国の大半を治める戦国大名で、薩摩島津氏と長年に亘って覇権を争っていたが、元亀三年（一五七二）木崎原（えびの市）で敗れ、五年後の天正五年（一五七七）伊東義祐・祐兵父子は大友宗麟を頼って豊後国（大分県）に落ちた。しかし豊後での居心地は良くなく脱出、伊予（愛媛県）や大坂などを流浪、義祐は堺で死去している。

三部快永は上野国（群馬県）出身の修験で、諸国遍歴中日向国を訪れたとき都於郡の伊東義祐に厚遇された。その旧恩を思い流浪の身であった義祐らに仕え、さらに若い祐兵が秀吉に仕えることに尽力した。

日向国を手にした島津氏は勢いにのり九州の殆どを掌中に収めるが、全国統一を目指す豊臣秀吉にとって島津氏の台頭は不都合で島津討伐となる。この時祐兵は戦功があったとして秀吉の国割で飫肥を給わり飫肥伊東氏として再び日向国に返り咲いた。

祐兵は三部快永を飫肥に招き祐光寺を開山させ、寺領一〇〇石（後に七五石）を下付した。

祐光寺はもともと諸県深年の寺中（国富町）にあった。伊東祐時の六男祐光が五四歳で死去し祐時・祐光父子の菩提を弔う寺を建立、寺領として深年三〇町を給した。祐光の孫祐宗の六男祐範は出家して慈性と号し、祐光寺別当になるが後に還俗して深歳を名乗った（※1）。なお、江戸時代になると深年は薩摩藩、祐光寺跡は勝福寺となった。

日南市楠原の愛宕山中腹に祐光寺跡がある。現在二反歩（二〇アール）ばかりの畑地になっており中央に快永の墓石が建立してある。「金剛蔵王　台蔵権現　正大先達三部法印快永　文禄元壬辰年七月十四日寂」の文字が刻んであり、文禄元年（一五九二）に三部快永が入寂したことが分かる。伊東祐兵が飫肥に入封したのは天正十六年（一五八八）、入封してすぐに快永を招いたとしても僅か四年間の在位であった。

快永没後は祐光寺別当であった深歳氏が引継ぎ飫肥修験三二〇人（※2）の頂点となり代々その職を務めた。修験名は大本院、文政十三年（一八三〇）の飫肥藩分限帳写に「七拾五石　深歳三峯院、同大本院」、天保初期と思われる分限帳にも「七拾五石　深歳大本院」とあり給人格の扱いであった。

(二) 修験寺院・祐光寺

祐光寺周辺に多くの石碑が残っており、それらから祐光寺の修験活動の一端を見ることができる。その一つに大本院祐清が建立した大峯愛宕両峰修行碑がある。正面に「奉供養大峯愛宕諸天魄善神　文化元甲子十一月十四日」、側面に「両峯修行三拾有四度阿闍梨大先達法印祐清」とある。この祐清は天明三年（一七八三）に袈裟頭に任じられている。大峯山と愛宕山の入峯修行を行いその回数が三四回となったことを記録しているのであるが、当山派では三六回（幕末は九回）で大越家を認めるので、それに向けて入峯修行をしていたのであろう。

大本院大峯愛宕供養碑

祐光寺の東二〇〇メートルほどに松栄山行屋寺址がある。現在藪の中に石碑が数基残っており、その一つに安永四年（一七七五）十一月に祐光寺大本院祐清が建立した碑がある。前面の偈文を鵜戸山仁王護国寺四十七代別当隆岳が書き、裏面に祐光寺由来を祐清が記している。

由来の要旨は飫肥の愛宕山と松栄山を祐光寺が祀ったこと、その別当を深歳家が代々務め、修験道の奥義・秘法つまり榎原内田萬寿の神法を尊崇し相伝したこと、しかし時を経る内に相伝は途絶えたことにより、榎原地福寺住持精能が神義奥義を伝えていた鵜戸山別当隆岳法印から伝授してもらい神女之記を授かったこと、その口伝は再び祐光寺の宝となったというものである(※3)。

『日向地誌』に愛宕神社の東一町(一〇九メートル)計りに庚申祠堂があったことを記している。この位置は松栄山行屋寺があった辺りと思われ、この庚申祠堂について平部嶠南は「藩治ノ時ハ修験ノ徒時時庚申祠堂ニ集リテ其法ヲ修セシ事ノアリシカ縣治以来廃ス」と書いているが、嶠南自身幕末に家老として藩政に関わっていたことから、祐光寺をはじめその周辺で山伏達が修験修行していた事実は十分知っていたと思われる。

また、祐光寺址北側雑木林に寛文七年(一六六七)の捨身求菩提行者三学坊と寛文九年の求菩提行者円正房の墓石が残っている。

円正房は自らの墓を作った六年後の延宝三年(一六七五)に捨身行を実行したと刻字か

ら判断できる。捨身とは修行・報恩のため高所から身を投げる行で、他に身を犠牲にする修行として焼身や入水、入定、補陀落渡海などがあった。三学坊や円正房は諸々の修行を行う中で最後の行として崖か滝に身を投げたのであろう。捨身行者墓のほかに入峰二一度を行った頼心坊という行者墓も存在し、多くの修験者が祐光寺で修行していたことが分かる。

文化九年九月十二日野田泉光院は祐光寺を訪問している。

「十二日、晴天。（飫肥）城下立、辰の下刻（朝八時半過）。愛宕山祐光寺と云へる修験寺へ詣つ、饗応あり、九州の図を出して見せらる。巳の下刻（十時半過）立つ。院主六、七丁（七〇〇メートルほど）見送りあり」（『日本九峰修行日記』）

祐光寺があった愛宕山には現在愛宕神社が鎮座するが、その境内に元文三年（一七三八）の石像秋葉権現（三尺坊）が祀ってある。

飫肥藩の修験者三二〇人は佐土原藩三七人、高鍋藩二六人、延岡藩八一人に比べ甚だしく多い。

中世、伊東氏は都於郡を拠点にして日向各地に勢力を拡大した。十五代領主伊東義祐のとき北は高千穂、門川、西は三ツ山（小林）、須木、高原、南は飫肥まで領有しそれまでの最大となり支城は四八を数えるが、天正五年（一五七七）には島津氏に追われて僅かな手勢で豊後に落ちた。殆どの家臣は流浪離散し中には島津氏に仕える者もあったであろうし、または隠れて時をまつ者もいたのだろう。

天正十五年豊臣秀吉の島津征討で功があった伊東祐兵は飫肥と清武、曽井を封ぜられ旧家臣たちは祐兵のもとに馳せた。しかし、薩摩島津氏と一〇〇年ほど戦った都於郡伊東氏は五、六〇万石の石高を有する実力があったと思われ、新たに飫肥を給されるが藩の石高は僅か二万八〇〇〇石（数回の検地をへて五万一〇〇〇石となる）、全ての旧家臣を禄することは到底できず、過半は無禄の浮世人として藩内に自活させた。

明治二年（一八六九）飫肥藩より朝廷に提出した報告書に藩士一〇一九人、兵卒一三三九人、浮世人三一一四人（※4）とある。多くの浮世人は農業に携わり中には山伏になった者もいたと推測され、飫肥藩修験者三二〇人の根拠は浮世人の一部が自活のため山伏になったものと考える。

三　飫肥藩清武郷の修験

飫肥藩領に清武郷（宮崎市南部）があるが、清武郷には加納の長友南光院、田野の津田

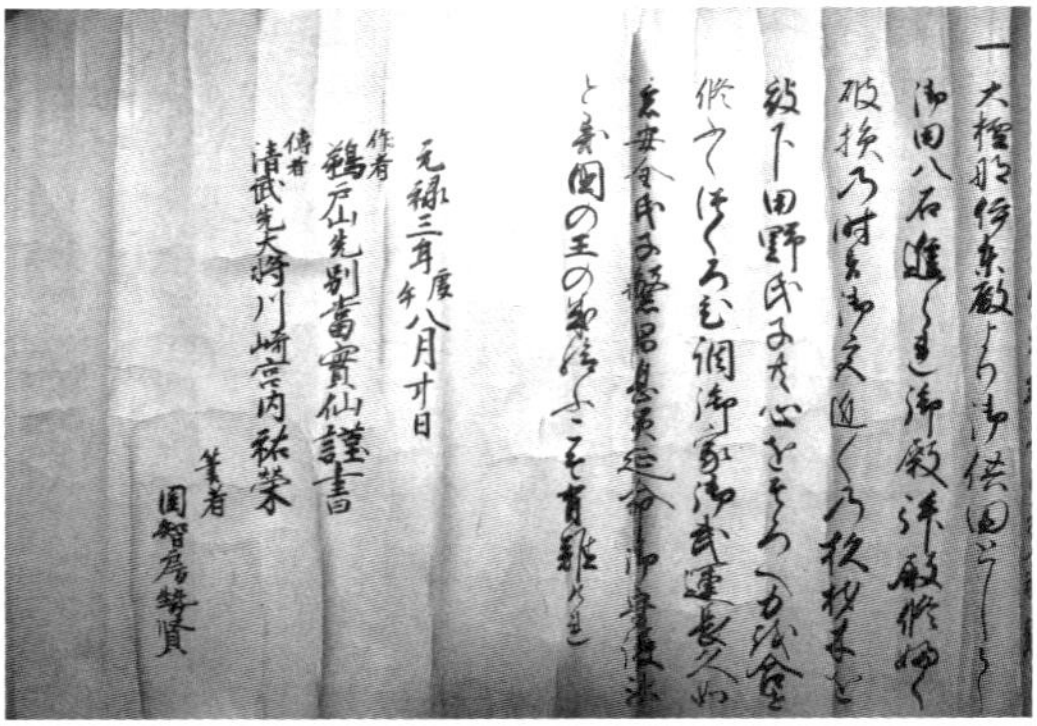

田野大宮大明神縁起

長正院、郡司分の万福院、木原村の福寿院らがいた。なかでも田野の津田長正院は大宮大明神を祀り藩から五石七斗が給されるなど藩内修験の中でも重要な位置にあった。

大宮大明神は明治四年（一八七一）中原に遷座し田野神社と改称、田野神社は大正二年（一九一三）楠原の天建神社を合祀し田野天建神社となった。天建神社に伝わる百済王族渡来伝説はもともと「田野大宮大明神縁起」として、元禄三年（一六九〇）八月二十日に鵜戸山四十一代別当実仙が書いたものである。なお、実仙は「田野大宮大明神縁起」を書く六年前、天和四年（一六八四）三月二十一日に現在の日南市宮浦の宮浦神社の縁起「宮浦大明神由来」を書いている。

二、飫肥藩山伏——祐光寺大本院と麓八ヶ院

(一) 大本院

祐光寺大本院が飫肥藩修験者の袈裟頭であった。袈裟頭に任じられた時期は明確でないが醍醐寺文書には次のようにある。

享保十八年(一七三三)六月二十七日　飫肥ケサ頭大本院祐松　願出世
宝暦九年(一七五九)七月十七日　飫肥大本院祐明ケサ頭御消息
天明三年(一七八三)七月二十五日　飫肥大本院祐清　袈裟頭
寛政九年(一七九七)閏七月四日　祐光寺祐清　御伝法不動法一派引導地蔵法
寛政十一年(一七九九)五月十三日　飫肥祐光寺二代大本院祐歳　ケサ頭継目御書出し
文化六年(一八〇九)七月二十二日　飫肥袈裟頭祐光寺　御直末格被仰付御書出
年不明(天保十年か)　那珂郡楠原村祐光寺大本院祐仙　ケサ頭継目

弘化四年（一八四七）七月二十三日　那珂郡楠原村祐光寺祐茂　ケサ頭継目

祐光寺住持が代わる度に袈裟頭が認められ、さらに文化六年には三宝院直末格にもなっていることも確認できる。

飫肥修験の袈裟頭は祐光寺の大本院祐松、大本院祐明、大本院祐清、大本院祐歳、大本院祐仙、大本院祐茂などと大本院を継承、俗名にはいずれも「祐」の文字を冠している。三部快永墓石の脇に「正大先達法印祐盛　正保三丙戌年（一六四六）八月二十二日」と自然石に刻んだ墓石があるが、「祐」の文字を有することから祐盛は祐光寺住職と思われる。『近世飫肥史稿』には三部快永が「老衰してから下野守祐郷にその職を継がせた」とあり、祐郷の後に祐盛が祐光寺住職になったのだろうか。三部快永死去から祐盛死去の間は五十四年、快永―祐郷―祐盛とすると年代的には合う。

飫肥修験は祐光寺大本院の下に、吉田中性院、鬼塚光明院、星野真如院、稲沢正徳院、山口延寿院、矢野三光院、和田山月院の七院、それに本寺祐光寺を含め「麓八ヶ院」を形成した（※5）という。

先の醍醐寺文書に、

嘉永六年（一八五三）七月二十三日平野村仲性院盛養　祐光寺配下

同日吉之方村光明院春綱　祐光寺配下
元治二年（一八六五）十二月五日板敷村真如院兼慎　祐光寺組下

とあり、仲性院、光明院、真如院が祐光寺組下であることが明記されており、麓八ヶ院の言い伝えを裏付けている。

㈡ 隆　岳

隆岳は鵜戸山第四十七代別当で俗姓成合といい北郷内ノ田（日南市）出身。鵜戸住山十一年、後に梅ヶ浜に隠遁し天明四年（一七八四）七月二十一日遷化、六八歳であった。学識に長け「鵜戸山玄深記」「神道旧事鏡」などの著がある（※6）。

生き仏隆岳碑

梅ケ浜の生き仏様

修験者の修行は捨身行だけでなく入定もあった。日南市油津梅が浜に地元民から現在も咳の神として大事に祀られ、「生き仏様」と呼ばれる祠がある。この「生き仏様」は鵜戸山仁王護国寺の別当隆岳がこの地で入定したと伝え、そのとき空気穴として節を抜いた竹を地上に出していたということから、咳の神と信じられるようになったもので、百日咳などに罹ったときコサン竹など小さい竹を節一つ残して切り、節のない方に綿を詰めて供え快復を願うという。

「生き仏様」祠には二基の石碑が祀られ、一基は「権大僧都法印隆岳不生位　天明四年七月二十一日入　世寿六十八歳」、もう一基は「両峯行者権大僧都法印千乗院（年不明）二月二日」とある。隆岳は法力偉大な先師千乗院の霊地で、病める子どもを救う大誓願のもとに入定を実行したと地元では伝えている。

鵜戸山仁王護国寺と内田萬寿

鵜戸山仁王護国寺は延暦五年（七八六）僧光喜坊快久の創建と伝え、快久から九代は天台宗、その後真言宗に変わった。鵜戸山は奥の窟に天照大神などを祀る鵜戸権現があり両部神道、八丁坂両側には不動院、実寿院、大光坊、持実院、常福院、延命院、隆真院、新南院、上ノ坊、明王院、弥勒院、尊勝院（吹毛井）の一二支院があった。

仁王護国寺と鵜戸権現を別当が治め、快久を初代とし慶応年間まで九十五、六代続い

鵜戸山仁王護国寺（６枚絵図）

た。天正十五年（一五八七）飫肥は伊東氏領になり寺領四三一石の地を給された（※7）。

伊東氏が飫肥に入封すると藩主と関わりの深い寺院を移転・創建させて城下町を形成した。その寺院は曹洞宗長持寺、臨済宗報恩寺、真言宗願成就寺の三寺院で、島津氏時代から続いた寺院はこの三寺の末寺に位置付けられた。

中世から人々の信仰が篤かった鵜戸山仁王護国寺は願成就寺と同じ真言宗智山派智積院の末寺、願成就寺は寺禄一二一石で鵜戸山の四三一石より少なかったが、藩は願成就寺を優遇し仁王護国寺をその下に位置付けた。この事は鵜戸山別当たちにとって屈辱的な扱いと受け取った。

内田萬寿を祀る桜井神社

萬寿姫像

寛永十七年（一六四〇）九月八日、鵜戸参詣の帰路鳥居峠で榎原の内田萬寿（寿法院）がにわかに神懸かりとなり、それより種々の妖言を発し自らも神通を得たりと言い、神女と称して神託や奇行を行った。榎原を鵜戸山再誕の地として榎原権現を創建し、榎原地福寺の住職精能や鵜戸山別当実祐らは好機とばかりこの動きを煽った。

藩は幕府の宗教政策もあって、家老矢野儀一が民衆を惑わすと寿法院を弾圧し一時下火となるが、寛文十年（一六七〇）寿法院が没すると、寿法院を祀る桜井大権現が造営され、家老矢野儀一も没すると再び信者が増加した。儀一の息矢野儀朝が家老となり再び弾圧するが、寿法院を崇める者たちは矢野一族がキリシタンであるとの落とし文をばらまき、儀朝は藩から追放された（※8）。

延寿院作閻魔

隆岳の仁王護国寺再興と挫折

明和元年（一七六四）隆岳は宮崎古城村修験の延寿院を招き、鵜戸山八丁坂南の岩肌に不動明王と磨崖仏閻魔《えんま》大王を彫らせた。願主は両仏とも別当隆岳。これは信者の関心を鵜戸山に向ける方策と思われる。

「生き仏様」の近く油津中学校裏に稲荷神社があり、その境内岩壁に隆岳が安永四年（一七七五）に記した銘文がある。世を果無《はかな》んだ内容で辞世の句と地元研究者から言われているが、入定する九年前だから辞世とは考えにくい。

愛宕山の祐光寺東に松栄山行屋寺址があり、そこに油津中学校裏の稲荷神社境内岩壁に文を彫り込んだ同じ年、安永四年に隆岳が建てた碑がある。「鵜戸山先住持芯葛隆岳」と自分のことを書き、碑文も虚しさを感じさせる内容である。

安永四年は隆岳が祐光寺大本院に修験道の奥義・秘法を伝授した年で、大本院祐清は隆岳に感謝し祐光寺由来の石碑として建立している。隆岳は体得した修験道の奥義全てを祐清に与えたのであろう。

稲荷神社の銘文、行屋寺址の碑文、大本院祐清への修験奥義伝授、これらは安永四年に集中する。この頃隆岳は鵜戸山別当を辞めざるを得ない事情が生じたのだろう（※9）。

鵜戸山別当四十六世隆珍は二十六年住職を務めその後任に隆岳がなっている。しかし隆岳が梅ヶ浜に遷居したことにより、隆珍は高齢であったにも関わらず一年間鵜戸山別当に再任されている。隆岳の辞任又は解任は唐突だったのか後任が決まらず隆珍が代役に選ばれたのだろう。一年間の猶予ができた隆珍は榎原山慈尊院の隆賢を四十八世別当に選んだ。隆珍は天明四年八月二十六日八十九歳で亡くなるが、隆岳はこの一か月前に入定している。

鵜戸山信者が増える努力をした隆岳であったが、鵜戸山仁王護国寺の紛擾に巻き込まれたと思われる。

内田神女碑（野島神社）

天明四年（一七八四）三月内海と折生迫（宮崎市）の境にあった御池（※10）に榎原内田寿法院に関する石碑を隆岳が建立した。読み下しを紹介する。

「ここにこの所を御池ととなえるのゆえんを尋ぬるに、当飫肥領榎原山寺ご神女のご託宣に因りての故なり、かたじけなくもご神女ご出現の時寛永十八年辛巳九月三日の夜に及んで、空にわかに曇り雷電震動おびただしく、風雨降吹して地を穿ち、山を崩し、水溢れ、浪高くその音かまびすしく、近村の万人耳をおおい面を伏せて驚怖怪居せり、漸々夜明におよんで内海折生迫両浦の者ども、震動の地をたずね求るに、廻り巌高く重り、中は清水の大池となりて外には海水溜り、内には川海の遊魚浮沈せり、誠に巌石畳々たる平地一夜にかのごとく霊池となること神通不思議、慎み謹んで拝すべし

天明四甲辰年暦三月令日

日州飫肥沙門　不住菴隆岳謹誌　青木耕澤拝書」

隆岳は鵜戸山興隆最後の願いを神女寿法院霊力に託したか、この碑の建立は隆岳入定の四か月前であった。

※1　宮崎県史叢書『日向記』宮崎県
※2　『宮崎県史通史編近世上』宮崎県

※3　山之城民平『近世飫肥史稿』　吉田常政『飫肥地方の史跡考』
※4　山之城民平『近世飫肥史稿』
※5　吉田常政『飫肥地方の史跡考』
※6　永友宗清編『鵜戸の宮居』
※7　『宮崎縣史蹟調査』宮崎県内務部編
※8　『宮崎県史通史編近世上』宮崎県　平部嶠南『日向地誌』
　矢野家家紋が切り竹十字紋であったことがその要因か。
※9　干天が続いたことから藩主は老臣を連れて鵜戸山に参詣、隆岳に雨乞い祈祷をさせた。その功あって大雨が降りだした。従者は雨傘の用意を命じたが隆岳は藩主の傘だけを調え、老臣たちには用意しなかったため濡れて帰った。老臣たちはそれを恨み隆岳を追放した、という。山之城民平『近世飫肥史稿』吉田常政『飫肥地方の史跡考』
　飫肥藩は真言宗藩内本寺を願成就寺とし祈祷は同寺にさせた。願成就寺には祐遍など霊力のある住職が出ている。藩主が鵜戸まで出かけて祈祷をさせることはないし、城下から鵜戸山は三里八町（約一三キロ）を距て途中険しい鳥居峠があり、雨天の中歩くことは考えられない。
※10　日南海岸堀切峠の道の駅フェニックスがある辺り。この碑は現在小内海の野島神社境内に移設されている。

第三章　高鍋藩と修験

高鍋藩は日向国（宮崎県）中部に所在した。外様。三万石。天正十五年（一五八七）豊臣秀吉の島津征伐により秋月種長は筑前秋月（福岡県）から日向国に移封、はじめ櫛間（串間市）に居所を設け、慶長九年（一六〇四）財部（高鍋）に移した。種長を初代に十代続き明治に至る。

一、真言宗と修験宗

高鍋藩には真言宗と修験宗（山伏宗）があった。貞享四年（一六八七）の「高鍋藩寺社帳」によると、真言宗の藩内本寺は円通山高月寺で歴代住持を日光院と言った。寺領三七石五斗を給わり末寺二九か寺を有したが、天保五年（一八三四）の「高鍋藩寺社帳」では二四か寺に減っている。

㈠ 松尾山地福寺

貞享四年の寺社帳に山伏宗があり、藩内本寺は松尾山地福寺、歴代住持を円実院と言い、寺領一五〇石を給わり八か寺の末寺を有した。天保五年の寺社帳では山伏宗ではなく修験宗とあり、藩内本寺は地福寺で一四か寺の末寺を有し、高鍋山伏一三か院と諸県山伏三か院を配下に置いた。地福寺は京都醍醐寺三宝院末、円実院は高鍋藩修験の袈裟頭であった。

［修験宗寺院］

飯長寺（松本）
興福寺（高城村）
龍岸寺（城内脇）
宮田寺（宮田村）
河田寺（小丸村）
観音寺（川南村）

［高鍋山伏］

宝慶院（明田村）
喜宝院（心見村）
和光院（心見村）
本学院（山末村）
国宝院（山末村）
明寿院（山末村）

- 松尾山地福寺円実院（城内）
  - 大泉寺（都農山下）
    - 一玉院（征矢原村）
    - 遍照院（菰生村）
    - 大泉院（菰生村）
    - 実善院（新別府村）
    - 大宝院（福原尾村）
    - 大勝院（明田村）
    - 慈実院（明田村）
  - 神宮寺（平田村）
  - 千秋寺（美々津）
  - 長福寺（美々津）
  - 善福寺（名貫村）
  - 興福寺（諸県郡三名村）
  - 川田権現（小丸村）
  - 白山代（小丸村）
  - ［諸県山伏］
    - 宝寿院（金崎村）
    - 千寿院（木脇村）
    - 西宝院（岩知野村）

延岡藩修験宗寺院本末関係
（『高鍋藩寺社帳天保五年改正』より作成）

㈡ 円 実 院

松尾山地福寺は高鍋城内にあり、高鍋藩修験宗の本寺で住持は歴代円実院を名乗った。

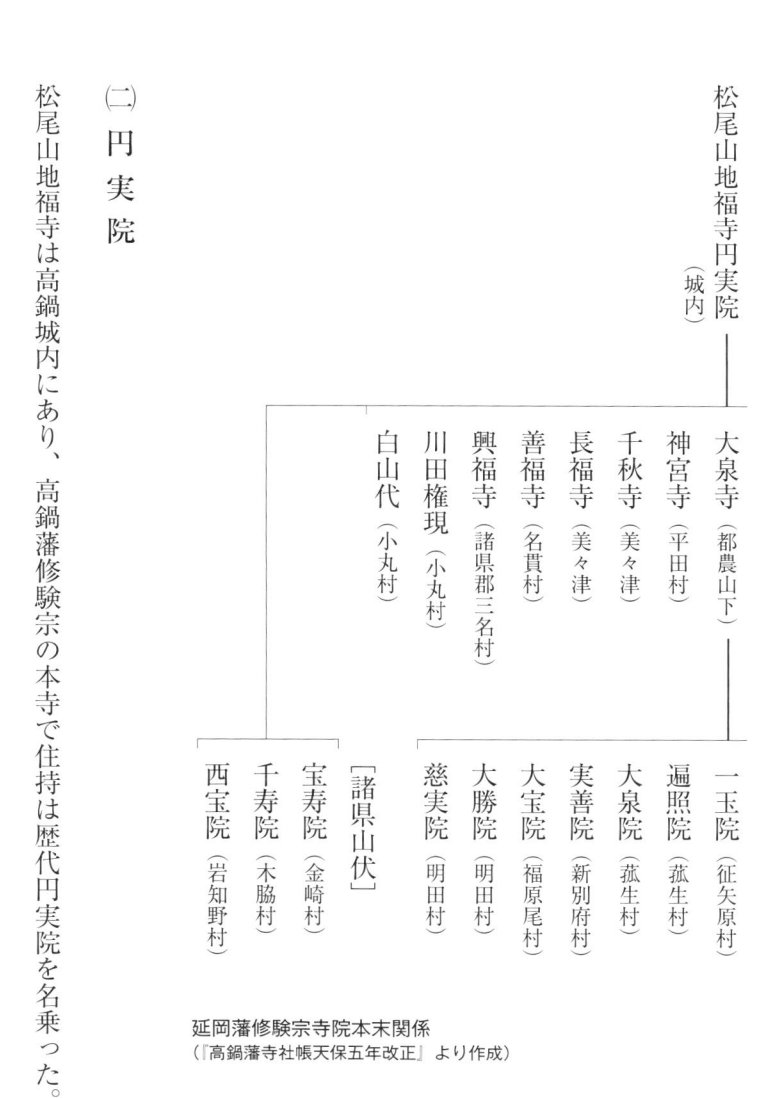

醍醐寺三宝院直末で袈裟頭に任じられている。寺領一五〇石。開山は源忠法印、建立年月不明。

醍醐寺文書「日向」に、

寛延二年（一七四九）八月六日　高鍋円実院源快　アサ

宝暦十年（一七六〇）八月十五日　高鍋地福寺寂湛　ケサ頭御消息但し円実院二代也

安永二年（一七七三）八月三日　高鍋円実院源泰　袈裟頭継目

寛政八年（一七九六）七月二十八日　高鍋地福寺円実院源慶　ケサ頭継目御末寺継目香衣権律

寛政十年（一七九八）八月五日　高鍋御末寺地福寺円実院源盛　住持職継目ケサ頭御書出し

文化六年（一八〇九）八月三日　高鍋円実院継目　御末寺地福寺継目　ケサ頭継目副書名源易也

文政四年（一八二一）八月四日　高鍋円実院源阿　住ヂ職継目ケサ頭ツギメ

文政十年（一八二七）八月三日　高鍋御末寺修験兼帯地福寺円実院　住持職継

天保十四年（一八四三）八月五日　　　目　但文政四年八月通や同院袈裟頭継目モ

高鍋地福寺円実院　御末寺修験兼帯継目

ケサ頭継目御書出し

明治二年（一八六九）七月二十二日　　高鍋御末寺円実院勢賀　継目ケサ頭継目

とあり、円実院は住持が代わる度に三宝院直末と高鍋藩内袈裟頭の認可を受けている。

二、高鍋山伏

高鍋藩では尾鈴山を霊山としそこを修行場とする修験が盛んであった。高鍋山伏とは主として川北郷（都農町）に在住、数十軒から百軒ほどの祓い檀家を有し、疱瘡祈祷や日祈祷、駄祈祷などの諸祈祷、霧島祭や祇園祭、日待ちなどの祭祀を主導した。

高鍋山伏は一三か院が都農大明神別当大泉寺配下で、他に実眼院（高城南村）、命寿院（白髭村）、愛染院（古町村）、福寿院（菖蒲池村）、泉龍院（岩渕村）の五か院があり、合わせて十八か院であった。

高鍋山伏以外の山伏として、藩内には美々津の長福寺配下に千寿院（美々津）、宝性

高鍋山伏末裔の護摩堂（都農町）

院（美々津）、龍正院（蓑崎村）、明星院（寺迫村）、大寿院（美々津）などの山伏がいたし、飛び地諸県分知（国富町一部、宮崎市一部）に諸県山伏という宝寿院（金崎村）、千寿院（木脇村）、西宝院（岩知野村）がいた。

大泉寺

地福寺末大泉寺は山号を角養山といい都農神社境内にあった。都農神社は明治期以前都農大明神といい社領二〇石を給わり、尾鈴大明神を兼帯していた。大泉寺は都農大明神の別当寺で滝不動という奥の院や竜神という雨乞い場を有していた。また、宝慶院、喜宝院、和光院、遍照院など高鍋山伏一三か院を配下に置いた。

明治初期の神仏分離、修験道廃止の政策で山伏は還俗したり社家になったりして修験道は廃れるが、第二次大戦後しばらくまで都農町内には修験者がおり、現在でも町内農家屋敷一隅に不動明王などの仏像を安置し、護摩祈祷などを行った堂が残っている。

三、修験の役割

高鍋修験の最も重要な役割は祈祷であった。なかでも治水が不十分な江戸時代日照りは深刻で、干天が続いたとき行う雨乞い祈祷であった。元禄六年（一六九三）から安政元年（一八五四）までの百六十一年間に祈雨・祈晴など悪天候時に藩指示の祈祷や農民が自主的に行う祈祷も含めるとその数三〇〇余回に及んでいる（※1）。

天候不順のとき藩は円実院と日光院に祈祷を命じた。場所は尾鈴神社と都農神社が主で、他には比木神社（木城町）や竜神伝説がある水沼神社（新富町）などでも行われ、二夜三日に亘った。

水沼神社

祈祷回数が多いのは天明年間（一七八一～八九）、同元年は祈雨一〇回、同二年は祈晴と虫除で八回、三年は虫除で八回、四年から七年は二七回、日照りと長雨が

比木神楽手力雄

尾鈴神社

繰り返し続き天候不順であったこと、加えて稲の害虫が発生したことが分かる。

　天明二年から七年は全国的に大飢饉が発生、東北地方は餓死者も出し各地で一揆や打ちこわしもあった。天候不順による凶作は日向国にもあり、天明三年の高鍋藩は大風雨洪水虫付による損耗は一万七五六二石、これは藩石高の六割に及びこの年藩は年貢上納延期や藩内各地で飢餓救済を行った（※2）。

　藩による指示祈祷の場合、降雨があると報奨金を与えている。例えば、宝永二年（一七〇五）閏四月四日、比木神社と日光院には白銀二枚と米一俵ずつ、神楽を奉納した比木神社には銭一貫文を給し、山に登り鉦太鼓を打ち鳴らし高声でわめいた大勢の領民達には酒を振る舞った。

天保三年（一八三二）八月十九日、祈祷で十分雨が降ったので比木神社には家老中が、日光院と円実院、都農神社には者頭中が、湖水神社には勘定奉行が代参して銭一貫文ずつ与えている。

日光院や円実院、都農神社などに祈祷を命じたときは、藩は家老や奉行など役職も祈祷に参加させた。天明元年（一七八一）六月十七日の尾鈴山頂尾鈴神社で行われた雨乞い祈祷には藩主が参加している。前夜十時頃城を発駕し昼十二時頃木和田に着き、そこで小休して尾鈴山に登山しばらく留まり、その後都農御仮屋に入り休息、夕方発駕し午前五時頃帰城した。帰途小雨が降り出し垂門（川南町）で大雨になった（※3）。

天保三年（一八三二）七月十七日は尾鈴絶頂社での二夜三日の祈祷のとき、名代として家老の岡本主殿が登山した。平坦になっている頂上に五〇〇人余、木和田の遙拝所には一〇〇〇人余が郷内各地から参加している。藩指示の祈祷の他に農民による祈祷も領内各地の神社で行われた。

都農神社

四、都農神社

都農神社は日向国一之宮都農大明神といい社領二〇石を給され、神主は金丸肥前であった。尾鈴山頂の尾鈴大明神は都農大明神の金丸肥前が兼帯した。高鍋藩では尾鈴大明神と都農大明神が最も重要な神社で藩による祈祷の多くはこの両社で行われた。

江戸後期、高鍋藩では農民や足軽などの間に霧島代参が流行、その多さに安永五年（一七七六）九月八日「近年、みだりに霧島代参に出向くので禁止、その代わり都農社と尾鈴社に参るのは勝手次第」と触れを出している（※４）。

藩内数多くある神社のなかで都農と尾鈴両社の参詣は許す（勝手次第）という扱いは尾鈴山が信仰の山であり、都農神社が尾鈴社の祭祀も兼帯していたことにもよる。

全国に微笑仏といわれる仏像を残した木喰行道も、天明八年（一七八八）四国八十八ヶ所の巡礼を済ませ、豊後国を経て都農（都農町）を通り、三宅（西都市）の日向国分寺に来ている。行道は彼の仏像などに「日本廻国　三界無庵」と記していることから、たまたま日向一の宮や日向国分寺に来たのではなく、行道もまた六十六部としての日本廻国であったと思われる。

また、日向国内や球磨郡（熊本県）に多くの木像や面を残した、越後国（新潟県）の廻国僧大円が享和元年（一八〇一）川北郷（都農町）に来て、文化五年（一八〇八）まで七年間同地域に留まっている。日向国一の宮（都農神社）があり、法華経を奉納しようとこの地を訪れたのであろう。

大円の仏像

彫刻に秀でることを知られた大円は仏像補修を依頼され、その腕が確かなことを知った高鍋山伏たちは仏像造立を依頼した。現在、都農町内の小祠に多くの木像が祀ってあるがその多くは高鍋山伏の居宅跡である。

佐土原藩野田泉光院は九峯修行の旅

も終わろうとする文化十五年（一八一八）十一月五日、この一の宮に詣で納経している。「五日　晴天。美々津立、辰の刻。津野町日向の一の宮へ詣で納経。本社南向、寺一ヶ寺」（※5）とあり、この頃には都農神社は日向一の宮に位置づけられている。「寺一ヶ寺」とは大泉寺のことである。

※1　『宮崎県史料第二巻　高鍋藩拾遺本藩実録』『宮崎県史料第三巻　高鍋藩続本藩実録上』
※2　『宮崎県史料第四巻　高鍋藩続本藩実録下』　宮崎県立図書館
※3　『宮崎県史料第三巻　高鍋藩続本藩実録（下）』　宮崎県立図書館、このとき藩は松皮食を奨励している。黒松の樹皮を粉にし米麦の粉と半々に混ぜ団子にした。（『御用帳』）
※4　『宮崎県史料第三巻　高鍋藩続本藩実録（下）』　宮崎県立図書館
※5　『宮崎県史料第三巻　高鍋藩続本藩実録（下）』　宮崎県立図書館
　　『日本九峰修行日記』

第四章　延岡藩と修験

一、当山派と本山派

延岡藩は日向国北部に所在。高橋、有馬、三浦、牧野、内藤と藩主が代わった。高橋と有馬は外様、三浦以降は譜代。内藤延岡藩は政樹《まさたつ》を初代に八代続き、明治を迎えた。七万石。

江戸後期、延岡藩には修験道組織として醍醐寺三宝院の袈裟頭光明寺、同上之坊、同愛山寺の当山派三系統と、聖護院年行事乗信院の本山派一系統があった（※1）。また、醍醐寺三宝院門跡末寺は光福寺、地福寺、光明寺の三寺院があり、光福寺が領内本寺を務め地福寺と光明寺はその末寺であった。この中の光明寺は袈裟頭として当山修験を兼帯した。

なお、延岡藩領は城付地である延岡・高千穂と飛び地宮崎、飛び地豊後領（大分県）であったが、今回豊後の修験は対象から外した。

二、当山派修験

淡島大明神を祀る光明寺

(一) 光明寺

真言宗萬寿山蓮華院光明寺は恒富村古城（現延岡市）に所在し、寺伝によると養和元年（一一八一）土持氏の井之上城（古城山）の鬼門に創建された。土持氏から寺領三〇〇石を給され代々同氏の祈願寺となり、戦乱の世寺房の荒廃は数度に及んだが、慶長十九年（一六一四）有馬氏が延岡に入封したとき寺領一〇〇石を給された。三浦、牧野、内藤と領主が代わるが光明寺は存続（※2）、年代は不明だが醍醐寺三宝院門跡末となり当山派修験兼帯袈裟頭を務めた。

採燈護摩（光明寺）

境内に淡島大明神を祀る。本堂脇に鳥居が立つ情景は、宮崎に於いては見慣れない景観を呈するが、修験道の本義神仏混淆の姿を今に見ることができる数少ない寺院である。

明治四年（一八七一）廃寺となるが同十二年復立し現在に至る。

醍醐寺文書「日向」から光明寺分をみると、

寛延二年（一七四九）十月二十一日
　延岡ケサ頭光明寺恵龍　出
宝暦十年（一七六〇）二月十四日
　延岡恒富村光明寺高寛　ケサ頭継目
天明二年（一七八二）六月五日
　延岡恒富村光明寺ケサ頭継目
寛政十二年（一八〇〇）三月二十五日
　延岡恒富村光明寺祐清　ケサ頭継目御書出香
　衣前黄衣
天保二年（一八三一）四月二十四日
　延岡光明寺祐実　ケサ頭継目二通

文久四年（一八六四）六月八日　　延陵臼杵郡恒富村光明寺祐章　頭職継目次第
　　　　　　　　　　　　　　　　寺外ニ香衣御会符出替

住職が代わる度に袈裟頭職が授与されていることが分かる。寛延二年（一七四九）恵龍の項に「出」とあるが出世のことと思われる。これは近世当山派の最上位官位の一つ、この位のみ磨紫金袈裟《ましこけさ》の着用が認められていた（※3）。

光明寺配下山伏（文政二年）は、二二か院であった（※4）。

光明寺
- 感応院、真応院、杉本院（恒富村）
- 威徳院（岡富村）
- 明実院（大貫村）
- 実善院（久保山村）
- 来照院（曽木村）
- 長水院（北方村）
- 快堯房（加草村）
- 吉祥院、宝勝房（山陰村）

吉本院、覚龍院、峯本院、盛覚院、宝龍房（福瀬村）
大宝院（寺迫村）
大仙院（高千穂三田井村）
大乗院（高千穂岩戸村）
慶寿院（御料塩見村）
乗寿院（御料富高村）
賢順房（御料財光寺村）

塩見村や富高村、財光寺村（日向市）はいずれも御料つまり幕府領で、延岡藩領ではなかったが、袈裟頭とその配下という主従関係を保っていた。

(二) 上之坊

川島村須佐（延岡市）に所在、鶏頭山長岡寺上之坊と号し修験名を安龍院といった。醍醐寺三宝院の袈裟頭。延岡に於いては恒富村光福寺の袈裟下で法式の触流等は当山役寺凰閣寺より直触で来ていた。

元和元年（一六一五）法印快善が役所に提出した由緒によると、霊亀二年（七一六）沙門正覚が紀伊国（和歌山県）玉置山より熊野三尊分霊の鏡三面を持って諸国行脚、養老二年（七一八）延岡須佐山に野宿中三尊が夢に現れたことから、この地に長岡寺と熊野権現を創建したという。中世は土持氏、近世には高橋氏、有馬氏など領主の庇護を受けるが、明治四年（一八七一）川島神社に合祀され、同十四年復社し現在熊野神社となっている。

醍醐寺文書「日向」で上之坊をみると、

寛延二年（一七四九）十月二十一日　延岡安龍院快弁　出

宝暦五年（一七五五）六月二十九日　延岡川嶋村ケサ頭安龍院慶信　院号錦　ケサ衣御書出シ

安永四年（一七七五）七月十四日　臼杵郡川嶋村安龍院慶信出世御推袈裟頭也

安永六年（一七七七）七月二十四日　臼杵郡川島村安龍院慶信　黒九條

天明八（一七八八）七月二十五日　延岡臼杵郡川嶋村安龍院慶善　ケサ頭御書出し

文化元（一八〇四）月日不明　延岡上之坊慶養　九條錦

文政四年（一八二一）七月二十二日　臼杵郡延岡領川嶋村上之坊長岡寺慶山　袈裟

頭継目

天保七年（一八三六）八月二日　　延岡長岡寺安龍院慶珠　ケサ頭継目九條披

である。

上之坊安龍院配下山伏（文政二年）は、

上之坊
- 峯本院、慈照院、天龍院、遍照院、清寿院、慈明院、龍教房（川嶋村）
- 大徳院（岡富村）
- 文殊院、蓮乗院（恒富村）
- 愛染院（粟野名村）
- 延命院（南方村）
- 乗秀院、龍王院、室徳院（北方村）
- 金剛院（熊野江村）

一六か院と上之坊内弟子仙学房・普門房の二人がいた（※5）。

熊野神社（延岡市川嶋）

㈢ 愛山寺

延岡南方村松山にあった。一乗山愛山寺と号し醍醐寺三宝院末で袈裟頭、修験名を大勝院といった。延岡に於いては恒富村光福寺の袈裟下、法式の触流等は当山役寺凰閣寺より直触で来ていた。

龍仙寺星供

延享四年（一七四七）寺社奉行に提出した由緒によると、祖は土持栄妙、十四代から修験僧となり本学坊を名乗る。本学坊四代後から大勝院を名乗り以後続く。土持栄妙は田部栄妙とも称し、田部氏は古代から中世の豪族であった日下部氏と並ぶ日向国北部の豪族であった。日下部氏が妻万神（西都市）とのつながりをもつ土着豪族とされるのに対し、田部氏は宇佐氏・大神氏・漆島氏とともに宇佐八幡宮祠官四姓と言われた一族で宇佐から日向に入部したとされる。

寛永十五年（一六三八）有馬康純が肥前国島原出陣のとき供奉を命じられ、それまで大聖院を名乗っていたが「聖」の一字を「勝」に替え大勝院に改めた。愛山寺は大将軍社と地蔵堂を永田に祀り、末寺に北方村福生寺があった。現在、跡地に妙見を祀る祠が建立されている。

醍醐寺文書「日向」から愛山寺大勝院分をみると、

寛延二年（一七四九）十月二十一日　延岡ケサ頭大勝院真賀　出

宝暦十二年（一七六二）七月二十六日　延岡臼杵郡松山村大勝院真養　ケサ頭御消息越

寛政八年（一七九六）七月二十八日　臼杵郡南方村大聖院真休　ケサ頭継目大越家

文化九年（一八一二）八月二十日　臼杵郡南方村大勝院真純　ケサ頭継目

天保十五年（一八四四）八月十五日　同所大勝院真英　ケサ頭継目

文久四年（一八六四）六月八日　延岡臼杵郡南方村大勝院真照　ケサ頭継目

である。

愛山寺大勝院配下山伏（文政二年）は、

愛山寺
- 智照院、蓮応院、智光院、真蔵院、智禅房、勝教院、寿仙房（南方村）
- 良山、浄寿院、教寿院（岡富村）
- 延寿院（古江村）
- 明王院（宇納間村）
- 右教院、長泉院（北方村）
- 来寿院、仙学院（御料日知屋村）

以上一六ヶ院と内弟子弥栄房がいた（※6）。

(四) 延命院

前述の光明寺・上之坊・愛山寺と時代が異なるが、江戸末期行縢山の麓、舞野に延命院という当山派修験の袈裟頭がいた。文政二年（一八一九）には川嶋上之坊の配下で小先を務めていたが（※9）独立し、嘉永七年（一八五四）四月十八日、延命院良隆は三宝院から袈裟頭に任じられている。慶応四年（一八六八）九月寺社奉行に提出した配下山伏は一八か院（※10）であった。

三、本山派修験

(一) 年行事乗信院

無鹿大明神神社

乗信院は粟野名字無鹿（延岡市）にあった。照明山光輪寺といい京都聖護院の直末、若王子霞下、大阿闍梨明王院永尊を初代とし開基は元和四年（一六一八）といわれる。

寛文十三年（一六七三）三代永勝のとき日向国の臼杵、児湯、那珂、宮崎の四郡内山伏の発頭、正大年行事法印に任じられ以後歴代乗信院を名乗った。

本山派では、年行事は郡単位で霞内の同行を支配するものと定められており、日向国五郡のうち諸県郡を除く四郡の山伏を配下に置くことになったが、児湯、那珂郡内の山伏は当山派で本山派はいなかった。

光輪寺には鎮守大将軍社をはじめ妻屋大明神、護摩堂、仏殿があった（※7）。無鹿の乗信院跡には大将軍神社が建立されているが、境内にある説明板には乗信院に関する記述はなく地元での伝承は絶えていた。

乗信院配下山伏（文政二年）は、

乗信院

- 普白院、宝玉院、岩本院、金剛院、
  普明院、明珠院、松林院、義順房（粟野名村）
- 毘沙門院（岡富村）
- 大宝房（恒富村）
- 大祥院（稲葉崎村）
- 金剛院（川内名村）
- 花厳院（古江村）
- 宝満院（南方村）
- 大光院、宝光院、仙了房（北方村）
- 真実院（門川村）

- 密蔵院（三須村）
- 顕光房（神門村）
- 明学院（黒木村）
- 知禅院（高千穂山裏村）
- 修善院（高千穂下野村）
- 善寿院（宮崎郡瓜生野村）
- 善光院（宮崎郡大塚村）

の二五か院であった（※8）。

（二）金剛院

乗信院配下山伏に川内名村（延岡市北川町）の権大僧都金剛院がいる。金剛院家は初代宝玉院、二代金剛院、三代三蔵院と続いた修験の家柄であった。

寛政五年（一七九三）川内名永代の修験宝玉院の一子として生まれ、俗名を金丸峯治といい、八歳のとき真法院に弟子入りして修行を行い得度して峯之坊を名乗った。文化元年（一八〇四）十二歳のとき寒中水行を行い、同四年一日米一合で二五〇日の行を実行、そのうち七五日は塩断ちの修行であった。

文化五年には延岡藩の修験霊山である行縢山の窟に参籠、七日七夜の断食行を行い、さらに文政元年（一八一八）には大峰山入峰修行し金剛院真祐を名乗った。三十歳のとき諸所霊山に参籠、可愛岳（北川町）で七日七夜の断食行を数度行い、高鍋山伏の聖地である児湯郡尾鈴山（都農町）でも七日七夜の断食行を行った。さらに修験の山として名高い英彦山（福岡県）や求菩提山（大分県）、尺間山（佐伯市）で断食修行を行い、帰邑して延岡愛宕山などでも断食修行を実行した。

金剛院行縢布引滝修行

嘉永六年（一八五三）熊田の岩山（旧北川町役場の一〇〇メートルほど北の山）を長友源助から譲り受け、そこに大峯山遥拝行場とし護摩堂を建てた。

慶応二年（一八六六）四月八日時

勢不穏を察し、四海泰平、国家安全、藩主の武運長久などの誓願をたて、熊田の大峯山遥拝行場に於いて入定行に入った。五月十二日延岡藩は寺社奉行や乗信院を派遣して行中止にかかったが翌十三日絶命した（※11）。

四、延岡領宮崎の修験——延寿院・円立院

延岡藩は城付地延岡と高千穂の他に宮崎と豊後国に飛び地を有した。延岡領宮崎は延岡城下から九〇キロほどを隔て、その範囲は瓜生野・上北方・下北方・名田・池内・南方・村角・大島・上別府・大田・源藤・福島・大塚・生目・長嶺・浮田・跡江・柏原・庵屋・船引・細江・小松・富吉の二三の村々であった。これらは現在、宮崎県庁や宮崎市役所が所在し、商業地橘通りなどもあり行政・経済の中心地となっている。

延享四年（一七四七）延岡藩主牧野氏は常陸国笠間（茨城県）に移封となり、陸奥国磐城平（福島県）から内藤氏が入封した。牧野氏から内藤氏へ引き継がれた文書に「日向国宮崎郡末社幷山伏」があり、それには延岡藩飛び地宮崎領内寺院及び修験の本末が明示してある。宮崎郡船引村の修験正賢院の触下に古城村（宮崎市）の延龍院、大塚村（宮崎市）

の知徳院と吉祥坊、中村町（宮崎市）の俊玄坊がいた。本山派は瓜生野村に善寿院、大塚村に善光院がいた。

宮崎県庁から南西の方角、直線で四キロほどの所に古城町がある。ここに中世から近世にかけて周辺寺院に影響を与えた伊満福寺がある。現在は無住。池上山伊満福寺蓮華院池之坊といい、真言宗智山派の寺院。寺伝によると推古天皇の勅願所と聖徳太子の命で百済国日羅上人が推古天皇二十一年（六一三）に開山したとする。日向七堂伽藍の一つ。伊満福寺は黒貫寺（西都市）や仁王護国寺（日南市）とも密接な関係にあり、真言宗寺院として宮崎地方に一大勢力をもった寺院であった。

伊満福寺四十九世法印頼雄が延宝五年（一六七七）護東寺を開山した。伊満福寺の南五〇〇メートルほどの位置、蓬莱山宝積庵護東寺といい真言宗。元禄十二年（一六九九）頼雄法印が没すると弟子であった串間南照院が跡を継ぎ、代々串間一族が住職をつとめ明治まで八代続いた。その中に串間延寿院・円立院という仏像彫刻に長けた父子の山伏がおり、宮崎市や日南市に多くの石像を残している。

(一) 串間延寿院

串間延寿院仏鵜戸山不動

延寿院作愛染明王

護東寺五世の住職。大越家、大仏師。宝暦八年（一七五八）に初入峰、同十年（一七六〇）、安永三年（一七七四）と三回の入峰修行を行っている。佐土原藩の修験野田泉光院は藩主一族の安全祈願で毎年大峰登拝しているが、藩などの公的援助もない普通の修験者で宮崎から奈良大峰山まで出かけ三回も入峰修行した延寿院は結構熱心な行者であった。仏像彫刻に秀で、大仏師を名乗った。現在残る石仏のなかで延寿院の手によるものが傑出する。

　宝暦十四年（一七六四）鵜戸山仁王護国寺別当隆岳に招かれ、同年七月隆岳の出身地内ノ田に隆岳両親菩提のために地蔵菩薩を彫刻、明和元年（一七六四）十二月に鵜戸山境内岩壁に不動明王、同年閏十二月には飫肥の長持寺に地蔵菩薩を彫刻している。同二年七月には鵜戸山岩壁に閻魔大王を彫り、他に鵜戸山仁王護国寺支院の弥勒院に仁王を彫っている。同四年（一七六七）延寿院は再び飫肥を訪問、平原屋平兵衛の依頼で地蔵菩薩を造立している（※12）。

延寿院は飫肥に招かれる前、宝暦六年（一七五六）に最勝寺（宮崎市）に仁王を、同八年には円通寺に木造愛染明王を彫った実績があり、これらが隆岳に認められたのであろう。護東寺と仁王護国寺は四、五〇キロも隔て、藩も延岡藩と飫肥藩と異なるが、伊満福寺との関連で交流があったと思われる。

(二) 串間円立院

護東寺六世、延寿院の息子。大越家、法印快賢という。系図では串間円龍院とあるが彼が彫刻した仏像には円立院と記す。安永二年（一七七三）に初入峰し、天明五年（一七八五）二度目、同七年三度目入峰を行っている。

円立院も父親同様仏像彫刻に長け、宮崎市や日南市などに現在三六二体、そのうち仁

上：円立院作六地蔵
左：円立院作仁王

王像等大形彫像は一一体、木像三体が確認されている。

主なものを挙げると、天明四年（一七八四）日南市報恩寺跡の仁王、寛政元年（一七八九）宮崎市宝泉寺の仁王、同年宮崎市伊満福寺の青面金剛、同年国富町八幡神社の仁王、同二年宮崎市伊満福寺地蔵、同三年宮崎市太田観音堂の神像、同八年（一七九六）宮崎市伊満福寺の六地蔵、同十二年（一八〇〇）宮崎市多宝寺の仁王、同十三年宮崎市霧島寺跡の仁王などである（※13）。

円立院は延寿院と同様、飫肥に仁王や地蔵を残しているし、更には三〇キロほど離れた幕府領本庄に仁王、四〇キロほど離れた高鍋にも石像を残していることから、仏像彫刻の依頼があればどこでも出かける、藩の違いなど殆ど関係なかったのではないだろうか。それらの地の修験が例えば高鍋では円実院などの世話があったのかもしれない。

※1　「延岡今山八幡宮文書　延岡寺院本末社家山伏帳」今山八幡宮所蔵
※2　『宮崎縣史蹟調査』宮崎県、「堂宇再建記念碑」（光明寺境内）
※3　宮家準編『修験道辞典』東京堂出版
※4※5※6※8※9　内藤家文書「社人修験面附　文政二卯年五月改」明治大学所蔵
※7　内藤家文書「修験中官位書上」辰九月（明治元年か）明治大学所蔵
※10　内藤家文書「配下中名面附延命院」明治大学所蔵
※11　「金剛院修験修行一代記」宮崎県立図書館
※12※13　前田博仁『近世日向の仏師たち、宮崎の修験文化の一側面』鉱脈社

第五章　幕府領と修験

日向国は延岡、高鍋、佐土原、飫肥の四藩が分立、これに現在の都城、小林、えびのなど県南西部は薩摩藩であった。また藩と藩が接する地域に緩衝地または各藩情勢の監視として幕府領が点在していた。

県北部臼杵郡には富高村（日向市）。江戸初めは延岡領であったが元禄五年（一六九二）から幕府領となった。富高は日田代官の支配地で日向国内幕府領の要であった。

児湯郡の幕府領は天領穂北とか穂北一〇か村などと呼ばれ、その一〇か村は穂北、南方、童子丸、調殿《つきどの》、三宅、清水《きよみず》、右松、岡富、黒生野、現王島（西都市）であった。はじめ延岡領、元禄五年に幕府領となるが正徳二年（一七一二）延岡領、寛保二年（一七四二）から再び幕府領となり日田代官支配地。宮崎県のほぼ中央に位置し現在は西都市。

宮崎郡は船引村（宮崎市）、那珂郡は新別府村（宮崎市）、諸県郡は本庄村（国富町）でこれらは延岡領であったが元禄五年から幕府領となった。

一、幕府領五郡の修験

江戸後期幕府領五郡の修験は次のとおり。

臼杵郡（日向市）　来宝院、仙覚院、隆照院（日知屋村）、喜法院（財光寺村）、宝寿院（塩見村）、光明院（坪谷村）

児湯郡（西都市）　真乗院、本隆院、長寿院、大宝院、愛染院、善教院、善光院、南光院、教学院、宗仙院、善光院（南方村）、蓮蔵院、宝寿院、龍法院、泉勝院、大寿院、実相院、慶寿院、龍生院、仙生院（穂北村）、黒光院、永乗院（童子丸村）、龍本院（調殿村）、蓮教院（黒生野村）、智海院、一寿院（三宅村）、吉祥院、長泉院（清水村）

宮崎郡（宮崎市）　正実院（船引村）

諸県郡（国富町）　実相院（本庄村）、泉寿院（竹田村）、教学院（森永村）

那珂郡（宮崎市）　円龍院、大教院、泉光院（新別府村）、善正院、宝寿院、大正院、祥泉院、福寿院、龍生院（江田村）

以上四七院の修験がいた（※1）。

木喰作五智如来像（薬師・大日・阿弥陀）

木喰行道

穂北一〇か村の一つ三宅に日向国分寺があった。天明八年（一七八八）三月十一日、木喰行道は四国遍路を済ませ豊後国から国分寺（西都市）に来る。納経を終えた行道は、地元民のたっての願いがあったのか、同寺住職となる。しかし、住職になって三年目の寛政三年（一七九一）正月二十三日に国分寺を焼失、それから同寺再興のため各地を行脚するとともに国分寺本尊五智如来像の彫刻に着手、失火から七か年難行苦行してようやく国分寺の再興をなし遂げた。

寛政九年（一七九七）に日向国を去るがこのとき「国分寺住　中興開山　木喰　五行菩薩　八十歳」と署名、その後日向国を離れてからも「日州児湯郡

千手眼十一面観音（宮崎市）

府中国分村　五智山国分寺隠居事木喰五行菩薩」（※2）と国分寺隠居を名乗っている。

廻国僧である行道は同一地に長く留まらないことが殆どで、日向国での足掛け十年の逗留は彼の人生では特異なことであった。現在、宮崎県内に確認される主な木喰仏は勝軍地蔵、疱瘡神、阿弥陀如来（日向市）、五智如来、自刻像、地蔵菩薩（西都市）、千手眼観音、秋葉大権現、釈迦如来（宮崎市）である（※3）。

宮崎郡船引の正賢院

船引村（宮崎市清武町）に正賢院という修験がおり、触下山伏に古城村（宮崎市）真言宗伊満福寺の延龍院、大塚村（宮崎市）の真言宗大迫寺知徳院と吉祥坊、中村町（宮崎市）真宗善照寺の俊玄坊等の山伏がいた（※4）。

正賢院触下の延龍院は護東寺四世住職で護東寺は伊満福寺の末寺、文書は伊満福寺と

役ノ行者（円立院）

護東寺を誤ったのであろう。延龍院の息子は護東寺四世串間延寿院、孫は六世の円立院でこの親子は多くの仏像を残した延岡領古城の山伏であった。

正賢院と延龍院一族は江戸初期の互いに延岡領であったときの関係、船引が元禄五年（一六九二）幕府領となるが主従関係は続いていたものと解される。正賢院子孫長友家には文政十二年（一八二九）に古城円立院が彫った役《えん》ノ行者《ぎょうじゃ》像と不動明王像が祀ってある（※5）。

二、米良山の修験

米良山は九州山地の中央部、一ツ瀬川上流域の総称で、現在の西米良村と西都市の北西域、木城町中之又（旧東米良村）であった。田畑は極端に少なく山の斜面を切り開いた焼き畑で雑穀を栽培する農業、それに狩猟が主な生業であった。米良山の領主米良氏は

烏帽子岳鎖禅定（筆者）

肥後菊池氏の後裔、江戸時代は幕府の交代寄合衆として五年毎に参勤交代を行っているが、肥後国人吉藩相良氏に付属し公的には人吉藩領として扱われた。

米良の山々は信仰の山で修験道の霊地が各所にある。銀鏡神社の神体山である龍房山は県内龍房信仰の本拠、同社で行われる神楽や狩法神事などの祭祀行事には修験の儀礼が多く採りこまれている。また、烏帽子岳は窟や崖を信仰の対象とした行場があり、石鎚山から勧請した蔵王権現を祀っており、第二次大戦後しばらくは山伏が入山していたという。

現在、西米良村には寺院が一か寺も存在しないが、江戸時代には禅宗や真言宗など五か寺があった。しかし明治四年（一八七一）にすべて廃寺となり、僧は帰農または神職にかかわったが、これには唯一神道の強い影響があったことがうかがえる。

大円

越後国生まれ。米良山（西米良村）の新立寺八世の僧。日向国入りしてから入滅するまで多くの仏像を彫刻し、現在の西米良村や西都市、高鍋町、川南町、都農町、日向市東郷町、美郷町南郷、それに熊本県人吉地方などに確認されている彫像は三百数十体にのぼる。

大円が米良山に現れるのは文化八年（一八一一）、小川村（西米良村）伴吉の家を宿として地蔵菩薩を彫っている。同十五年（一八一八）までは村所や上米良などで盛んに造仏活動を行い、同十五年から文政二年（一八一九）にかけて人吉藩球磨地方に出向き、湯前や多良木、山江などの寺院に仏像や面を残している。この期間の作仏が西米良村にないことから球磨地方に留まったと思われる。当時米良山は人吉藩相良氏が治めていたこともあり、米良と人吉の往来は自由で村所から湯前までは一日の行程、人吉城下でも二日もあれば行けた。

大円が新立寺の住職となったことが明確になるのは文政二年（一八一九）、大円墓石脇の女性と思われる墓石に「新立寺住法界大円敬造立之」とある（※6）。「米良風土記」によると新立寺は都於郡黒貫寺の末で真言宗、八幡宮（村所八幡神社）の別当寺であったこ

大円墓（西米良村村所）

とから、大円は新立寺の住職であり八幡宮の社僧で、両寺社のトップの地位にあった。

毎年十二月村所八幡神社の夜神楽が奉納されるが、深夜十二時頃に演舞される「八幡様（重鑑）」の舞は歴代宮司が勤めることになっており、この舞が始まると人々は被り物やマフラーなどを取って拝む。三十三番演目中の最も重要な演目に位置付けられ、この演目に着用される八幡面は大円自身が彫刻したもので現在も使用される。八幡宮の別当であった大円は自分で彫った面を着けて舞ったのである。

※1　明治三年修験廃止　古公文書「五郡寺院幷修験連印帳」
※2　柳宗悦『柳宗悦選集第九巻』「四国堂心願鏡」
※3※5※6　前田博仁『近世日向の仏師たち』鉱脈社
※4　内藤家文書「日向国宮崎郡末社幷山伏」明治大学

第六章　優遇された修験寺院

――日向各藩における修験の地位

以上、述べてきたように、日向各藩において修験道は藩の政治に深くかかわり、そのなかで領民ともかかわっていた。ところで、日向各藩は藩内寺院をどのように取り扱い、処遇はどうであったのか、そのなかで修験寺院はどの位置にあり、取り扱われ方はどうであったか。各藩の、他の宗派寺院の取り扱いと比べて考察してみたい。

一、高鍋藩

高鍋藩は貞享四年（一六八七）と天保五年（一八三四）に寺社調査を行い藩内での宗教実態を把握している。天保五年の寺社帳では禅宗（臨済宗）二一か寺、曹禅宗（曹洞宗）一六か寺、浄土宗一二か寺、真言宗二五か寺、修験宗一五か寺、時宗一か寺、真宗七か寺の九七か寺であった。これは飛び地福島と分知諸県を含めての数である。

もう少し具体的にみていくと、臨済宗龍雲寺は藩内本寺として末寺一八か寺、同じく臨済宗大龍寺も藩内本寺で一か寺の末寺をもった。曹洞宗は藩内本寺として太平寺があり末寺一〇か寺、分知領諸県の地蔵寺は薩摩藩八代（国富町）の孝光寺末、福島の興禅寺と妙交庵は志布志（鹿児島県）の永泰寺末、洞雲寺と長楽寺は飫肥長持寺（日南市）の末であった。藩内本寺は必ずしも同宗同派寺院を末寺に取り込んでいない。

浄土宗藩内本寺は安養寺で末寺五か寺、円福寺という別の藩内本寺があり末寺は四か寺、もう一つ専修寺があり京都知恩院末となっている。真言宗高月寺は末寺二四か寺、藩内真言宗全てを末寺に位置付けている。修験宗は地福寺が本寺、袈裟頭で末寺一四か寺と高鍋山伏一三か院と諸県山伏三か院を配下に置いた。

時宗は福嶋昌福寺一か寺のみで城付地高鍋城下、諸県にはなかった。、真宗は七か寺、そのうち五か寺は京都西本願寺末か同寺直参、二か寺は不明である。日蓮宗は一か寺もない。幕府による不受不施派禁圧が原因とみられる。

藩から給される寺領をみると、藩主秋月家菩提寺である龍雲寺は一〇〇石、もう一つの菩提寺大龍寺も一〇〇石、藩主正妻などの菩提寺安養寺も一〇〇石である。

ところがこれら三か寺より多く給されている寺院がある。修験宗地福寺で一六〇石、松尾山円実院地福寺といい醍醐寺三宝院末、歴代住職は修験名円実院を名乗り、日照りや長雨など異常気象のとき藩から祈祷を命じられている。円実院とともに祈祷を命じられる日光院は真言宗大聖山日光院高月寺といい、寺領三七石五斗と護摩料米六二俵を給されている。米六二俵は米二四石八斗、寺領と米支給は意味内容が異なると思われるが単純に加算すると六二石三斗となる。

比木の真言宗長照寺は寺領一五石と比木大明神（比木神社）の神領五二石五斗が給され、比木大明神別当寺長照寺は円実院や日光院と同様藩から多くの祈祷を命じられている。比木大明神と共に祈祷を命じられる神社に都農大明神（都農神社）があるが、ここには神領二〇石が給され神主金丸肥前は尾鈴大明神も兼帯した。

天保五年（一八三四）の寺社帳では福島・諸県分知を含め九七か寺のうち、寺領を給された寺院は前述の六か寺と修験宗地福寺と末寺の七か寺（二～七石）で他は無禄となっている。

円実院（地福寺）と日光院（高月寺）の修験二か寺と比木・都農の二大明神には他とは違う破格の待遇をしている。

二、佐土原藩

佐土原藩は分限帳（年代不明、安政四年以降か）によると八八か寺が存在し、禄高は真言宗黒貫寺が二四四石七升九合、初代藩主以久の父忠将の菩提寺曹洞宗大安寺が一〇〇石、藩主島津氏の菩提寺浄土宗高月院が一〇八石一斗五升、中世からの名刹臨済宗大光寺が七七石七升となっており、自得寺五二石、大中寺と天昌寺三〇石、最少一人扶持の寺院まで含めて寺禄を供されている寺院は二五か寺、他は無禄となっている。

山伏は野田長泉院二〇石、三玉院七石、真乗院五石と続き善玉院の八斗三升八合まで八か院が禄を食み他は無禄である。野田長泉院は安宮寺住職。これ以外に分限帳寺社方の社の項に禄を給される修験者がいる。妻万宮の一乗院で二〇石、諏訪宮の諏訪坊は五〇石、入田八幡宮の教学院は二石五斗などである。

修験寺院は二〇石の安宮寺、歴代住職は野田家がつとめ、日本九峯修行をした野田泉光院は八代目住職である。安宮寺は佐土原藩島津家の祈祷寺で住職は毎年大峰山入峯修行を行い、醍醐寺三宝院の帳本に任じられ藩内山伏を束ねている。なお野田家は稲荷宮格護で七石を給され、安宮領を含めると二七石を給されていることになる。
佐土原藩も修験寺院が他宗派寺院に比べて優遇されている。

三、飫肥藩

『日向地誌』によると藩内寺院は宗派不明寺院を除くと七九か寺、寺社領は鵜戸領（仁王護国寺）が高四三二石二斗で藩内最高、次が願成就寺（談義所）の高一二二石一斗、東禅寺（江戸にあった）と長持寺の一〇〇石と続く。報恩寺は白米二〇石となっている。

伊東氏が飫肥に入ると旧領都於郡（西都市）から曹洞宗長持寺を移転して一門や重臣の菩提寺とし、臨済宗報恩寺は歴代藩主の菩提寺として創建され、初代祐兵の法名報恩を寺号とした。また新義真言宗願成就寺を創建、藩は長持寺・報恩寺・願成就寺を城下三か寺として島津時代からの寺院を三か寺の下に位置付け本末関係を改めて指示した。

中世より崇敬されていた鵜戸山仁王護国寺は願成就寺と同宗同派、寺領が上であったにもかかわらず願成就寺の下に位置付けられたと判断した鵜戸山歴代別当の不満は、後に榎原の内田萬寿騒動として表にでる。

願成就寺

修験寺祐光寺は分限帳寺社領の項には記載がなく士分扱いとなっている。深歳大本院は給人格として高七五石を給され、上級武士に位置づけられるなど特別な扱いとなっている。

　祐光寺七五石を藩内寺院の禄高と比較すると城下三か寺の願成就寺や長持寺に次ぎ、文明十七年（一四八五）の飫肥攻めのとき戦死した伊東祐国を祀る時宗光照寺二二石一斗より上に位置付けられている。

　飫肥藩は仁王護国寺を筆頭として二九か寺に禄を給しているが、その中に修験と思われる者がみえる。稲沢正徳院（米五斗三升）と田野大宮（地方高五石七斗）である。分限帳には他に金剛院（米二石一斗一升）と慈尊院（米一〇石）があるが金剛院は願成就寺末、慈尊院は一〇石を給されるが、修験であれば祐光寺大本院の下に組織された「麓八ヶ院」に当然加わるべきだが名がないから修験ではなく寺院である。

　祐光寺を開山した修験僧三部快永は、藩主伊東祐兵が天正五年（一五七七）豊後に逃げ浪人していたとき、祐兵を羽柴秀吉の家来にする仲介をしたということで、祐兵が藩主になったとき直ちに快永を飫肥に招聘しその恩に報いたのである。

× × ×

以上、高鍋藩・佐土原藩・飫肥藩では、修験寺院は藩内のどの宗派寺院より優遇されている。高鍋藩は異常気象時の祈祷で藩政に貢献したこと、佐土原藩は修験寺安宮寺が藩主島津家の祈祷寺院であったこと、飫肥藩は初代藩主祐兵が若い頃助けてもらった三部快永の恩に報いたということ、これら三藩が修験寺院を優遇した理由であろう。

延岡藩については史料が揃わず修験寺院の取り扱いが分からなかった。

第七章　領内安寧の他に治安維持も？

――佐土原藩にみる修験のもう一つの役割

藩から禄や宅地を給される修験者は、それではどのような役割を担っていたのだろうか。異常気象時や藩主及び一族が病のとき祈祷を行うこと、民心の安定に沿うこと、他に藩の治安維持に補する働きを求められたのではないか。

一、番所・関所がなかった佐土原藩

佐土原藩は宮崎平野の中央に位置し、領内に入る者を取り調べ入国を制限する番所・関所の所在が明確でない。藩の西側は山地であるが領内の大半は平坦で水田や畑地が広がり、番所等を設置する適地がないと思われる。他藩と境を接するのは、西は米良山で幕府領、西南は宗藩薩摩、南は高鍋藩飛び地諸県と延岡藩飛び地宮崎、海岸近くと穂北

一〇か村が幕府領、藩の北は高鍋藩である。

天正五年（一五七七）以降、薩摩島津氏は九州各地に勢力を伸ばすが、このとき島津氏と共に戦ったのが高橋元種と秋月種長、十年後に島津氏は豊臣秀吉の軍門に下り秀吉による領地の再配分となるが、島津氏に味方した高橋氏は延岡、秋月氏は高鍋に所替えとなった。薩摩と延岡、高鍋三藩の友好的な関係は江戸時代を通して続き、薩摩支藩である佐土原藩にとっても延岡・高鍋両藩とは友好的、佐土原藩を取り巻く諸藩で敵対関係にある藩はなく番所や関所を設けて警戒する必要はなかった。

米良往還

佐土原城下から三納村尾泊《おどまる》（西都市）を経て村所（西米良村）を通り、球磨（熊本県）に至る道を米良街道といい、佐土原城下から尾泊までを「米良往還」、尾泊から村所さらに球磨までを「球磨往還」といった。尾泊は中間点、それより先は米良山となり藩境（米良は相良藩の支配下にあった）に位置し交通の要所であった。

寛政四年（一七九二）閏二月十日、高山彦九郎は村所（西米良村）から小川、児原稲荷を経て尾泊を通っている。児原から三里の距離、ここで一泊している。

文化九年（一八一二）六月十一日には伊能忠敬が児原稲荷から尾泊までを測量し尾泊に止宿している。泊まったのは山伏延寿院の家であった（※1）。

尾泊は番所を設置するなら最適の場所、しかし高山彦九郎は「山の中腹里あり尾泊といふ、家三軒小原より三里の所也」と、番所があったことは記していない。

東目筋

薩摩島津氏が参勤交代などで京や江戸に向かう場合、鹿児島から熊本、福岡を通る「西目筋」が主であったが、もう一つの往還、鹿児島から都城（宮崎県）を経て高岡、都於郡、都農を通り細島（日向市）に至る「東目筋」があった。細島からは船で大坂へ向かう。

都於郡は佐土原藩内で「東目筋」といわれる往還の途上にあり、中世は都於郡伊東氏の居城があった所で現在も黒貫寺や大安寺など多くの古刹がある。

慶長五年（一六〇〇）関ヶ原戦のとき僅かな手勢で引きあげてきた島津義弘は、大坂から細島港に着き、高鍋、佐土原、八代を通り鹿児島に向かった。また、文久三年（一八六三）四月、細島に上陸した島津久光一行一一〇〇人余が都農に一泊し、東目筋で鹿児

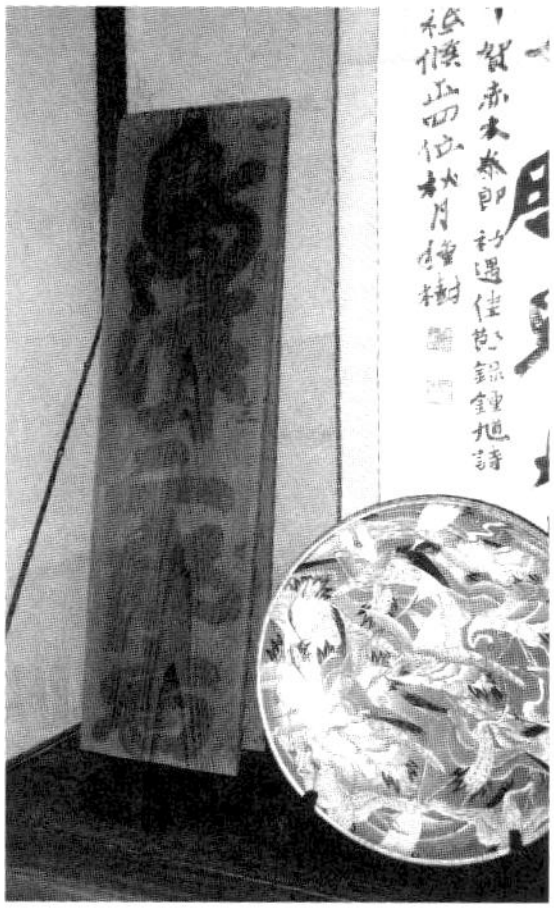

島津久光宿を示す板
（本陣赤木家）

島に帰っている（※2）。義弘は身の危険を感じながら、久光は前年八月生麦事件を起こすなど、危急な事態が起こると島津氏は東目筋を通った。

貞享二年（一六八五）水戸藩士佐々介三郎は、飫肥の願成就寺と仁王護国寺の史料調査を済ませて都於郡黒貫寺を訪問、八月一日都於郡を発ち、高城（木城町）、都農を経て延岡に向かった（※3）。

豊後街道

飫肥藩の参勤交代は、飫肥を出立、一日目清武地頭御仮屋に泊まり、二日目清武を発って高鍋に向かう。「蓮ヶ池辺ヨリ嶋津但馬守様ヨリ道御案内出ル」（※4）とあり、新名爪で佐土原藩士が待ち受け道案内として先導、更に佐土原町入口（野久尾辺りか）で家老が挨拶、一ツ瀬川は佐土原藩が舟で渡してくれる。これを御馳走船と言い佐土原藩主の飫肥藩主へのもてなしであった。一ツ瀬川を渡ると一行は新田原で昼食を済ませ高鍋藩境に向かう。なお、豊後街道を北上して細島から大坂へ向かう参勤交代は佐土原藩、高鍋藩も行っていた。

豊後への道は広瀬（宮崎市）へ向かい、一ツ瀬川河口近く「福島渡し」で渡河、富田（新富町）に至る道もあった。明治初期には大分県街道といい現在の国道一〇号にほぼ重なり、飫肥藩が参勤交代で通った佐土原城下を経由する道は、佐土原往還と呼ばれ間道となっていた。

二、交通要所所在山伏の役割

修験者の活動に「間諜」があったという（『修験道辞典』）。間諜とは今でいうスパイ、密かに敵側の情勢をさぐり味方に通報するもので、それを証する資料が無いので明らかにすることはできないが、領内の治安維持の役割も与えられていたのではないかと思われることに気づいた。

次ページの「佐土原領内修験者所在図」は、藩から禄や屋敷を与えられた修験者の所在地を地図に落としたものである。

佐土原領内修験者所在図

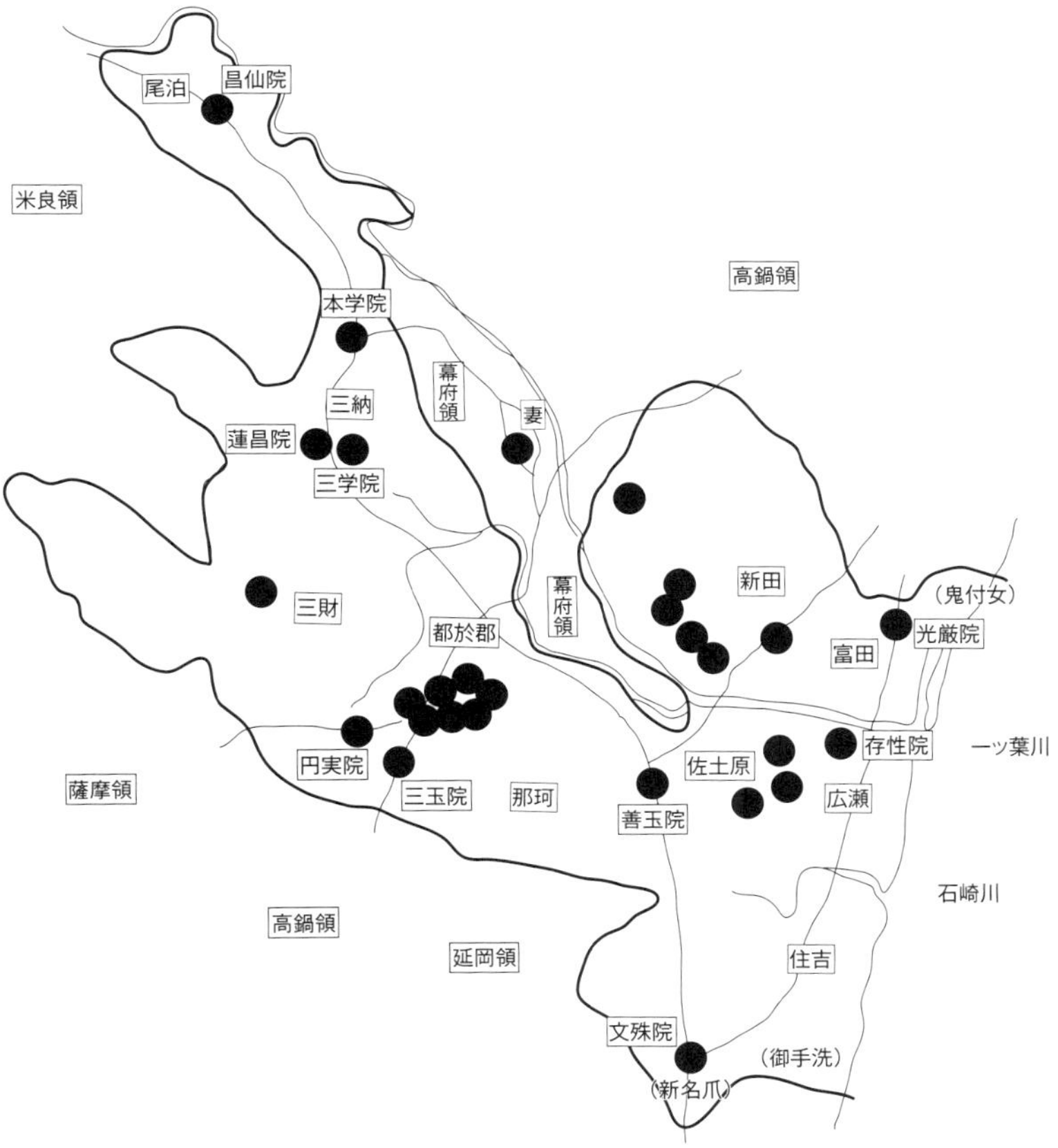

佐土原城下から米良往還で尾泊に向かうと三納に蓮昌院と三学院、往還は長谷から山道に差し掛かりそこに本学院、藩境尾泊に昌仙院がいた。佐土原藩士が飫肥参勤交代一行を出迎えた新名爪には文殊院、豊後街道の「福島渡し」の側、徳ヶ渕に存性院、同街道の高鍋藩との境富田には光厳院がいた。宮崎から那珂を経て都於郡へ向かうと入口の岩爪に三玉院、高岡から都於郡に入るときその手前荒武に円実院、佐土原城下の入口野久尾には善玉院がいた。

これら藩境や町入口、渡しなど交通の要所にいた山伏は偶然そこにいたというより、意図的に藩から配置されたのではないか。佐土原藩は西部の山地を除いて多くが田地畑地で地形的に番所を設けることは無理、しかしある程度の情報を得ることは必要でその役割を修験者に担わせたのではないかと考える。この他、他藩に漏れては困る軍事的な事柄などを監視する役割も担わせたのではないか。

佐土原藩は寛永四年（一六二七）軍馬養育を目的に新田原《にゅうたばる》台地に牧を設置した。規模は『日向地誌』物産の項に「駒百三十頭」とあり類推できる。新田と佐土原城下の間に一ツ瀬川が流れ、藩内他地区に比べ隔てられた感のあるこの地には、新田八幡の教学院や山之坊の本乗院、花園春日社の養賢院、川床の宝鏡院など新田山伏がいた。外部から潜入する不審人物監視の任を与えたのではないかと思う。

※1　『伊能忠敬測量日記』宮崎県総合博物館

※2　『都農町史年表・地図』都農町

※3　丸山雲平『筑紫巡遊日録』

※4　『日南市文化財調査資料集　飫肥藩の資料Ⅲ参勤交代①』日南市

終の章　廃仏と復興――明治期以降の修験道

一、神仏分離と修験道廃止――明治初期の修験道

明治元年（一八六八）明治政府は神仏分離令を出し、社僧や別当による神社祭祀関与の禁止、僧位僧官の返上、社僧らの神職への変更又は還俗など、神社の仏教的要素を一掃した。

明治二年七月、高鍋藩の諸県山伏であった分知領金崎村（宮崎市）の小松院に、袈裟頭円実院宛の回達状写しが届いている。

「今般、御一新に就き神仏混淆相成らず旨御布告の趣相守るべき儀勿論に付き、神社に関係いたし余儀無き輩速やかに復飾神勤いたすべき事（略）」

とあり、布告の趣旨を守り神社に関係する修験者は速やかに還俗し神勤することを伝えている。これを受けて小松院は本庄役所に次のような文書（読み下し筆者）を提出している。

「　恐れ乍書付を以て願上げ奉り候
私儀、従来京都醍醐三宝院末派にて、同御殿より修験職許状頂戴仕り、数代相続き罷り在り、則ち別紙のとおり神社祭事相勤め来たり候義御座候、然るところ当今、王政復古、御新政の御規則なされ神仏混淆の義は、御廃止御命令の趣き承知畏み奉り候、就ては是まで私両部関係罷り在り候えども、巳来復飾仕り一筋神勤仕り度存じ奉り候（略）
日向国宮崎郡金崎村
小松院改　平山重美　印
本城御役所」

提出年月日は不明だが回達状がきた明治二年か翌三年と思われ、文書のとおり小松院は神職になり、金崎神社と堤内の天満神社、吉野の若宮神社三社の宮司となった。

これらは明治五年（一八七二）に発せられた「修験道廃止令」前に実施されたもので神仏分離の通達を拡大解釈したものである。

さらに同年修験道廃止に関する太政官布達を出し、修験は従来の本山に従って天台・真言両本宗に帰入するよう命じた。翌六年には人民を幻惑させるとして憑き物・口寄せなども禁止した。憑き物とは病気など災厄の原因を狐やイタチ、犬神、死霊、生霊《いきりょう》などが憑いたとして、それを除く・落とす祈祷を行い、「喼々如律令」などと記した札など

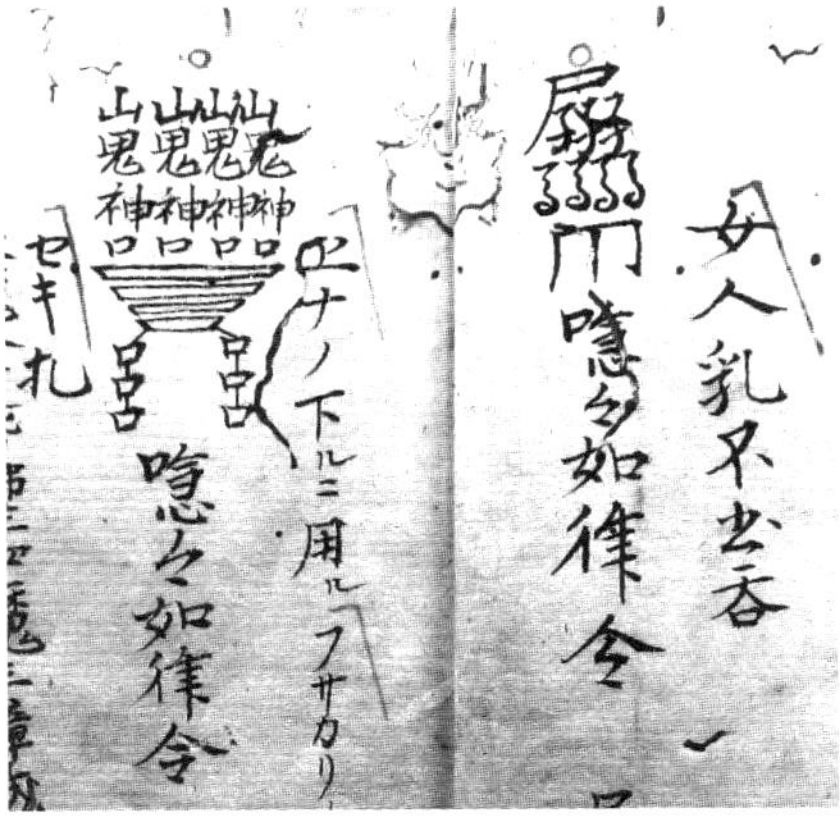

呪符にある「喼々如律令」

も配り、憑き物・邪気を祓うというのが山伏の日常的な活動であったが、明治政府は身分上の禁止だけでなく山伏の活動まで禁止した。

宮崎県内の修験道廃止状況を示す文書は、明治三年に旧幕府領修験について廃止を記録した「五郡寺院并修験連印帳」がある。臼杵郡日知屋村の来宝院ら六か院、児湯郡南方村の真乗院ら二八か院、宮崎郡船引村の正実院、諸県郡本城村の実相院ら三か院、那珂郡新別府村の円龍

院ら九か院らで、「辛未四月復飾」「帰農」と朱書きしてある。

佐土原藩修験の帳本だった野田泉光院の子孫も、他の修験同様復飾又は帰農の道を選ばなくてはならなかった。この時期に修験だったのは泉光院から四代後、安宮寺十二代住職宝乗院成諄で、経緯は不明だが明治六年（一八七三）には都萬《つま》神社（西都市）祠官になっており野田丹彦を名乗った。江戸時代、都萬神社が鎮座する妻町は佐土原領で、藩は同社に三一五石余を給していたことから、安宮寺の宝乗院が都萬神社祠官になることは至極当然のことである。丹彦の嫡子直《なお》は都萬神社社家杉田家の養子となり改姓、『日本九峯修行日記』を世に出した杉田直はこの人物である（※1）。

神仏分離は伝統芸能にまで拡大した。現在、宮崎県内には保存団体二〇〇を超える神楽が伝承し、それらは修験者が伝えたとされている。舞衣は山伏装束に似た白が基調、演目の由来などを述べる唱教は神仏混淆であった。しかし神仏分離の風潮は神楽にも及び、高千穂や米良地方の神楽では唯一神道（吉田神道）の影響を強く受け、唱教から仏教色を排除した。

明治二年（一八六九）に国民の身分上の呼称制度いわゆる族称で国民を華族・士族・平民に分けることが決まったが、藩から禄を給された者もいたことから、修験者の間では士族か平民か大いに話題を発する問題となった。旧飫肥藩では藩政時代の身分であった中小姓格、歩行格の山伏は士族、土器格、足軽だった山伏は平民に位置付けられた。

二、修験道復活

延岡明実院

柳田国男が訪問した龍仙寺

延岡光明寺配下であった大貫村の明実院は、明治十三年（一八八〇）岡山県津山の潰れ寺院の名跡を買い取って真言宗龍仙寺として復立、同三十三年には稲荷社も再興している。

明実院は龍仙寺住職となり谷山明実を名乗った。

大正九年（一九二〇）十二月、民俗学者柳田国男はこの龍仙寺を訪ねている。柳田は谷山明実について青森津軽の深浦義観という僧から聞いて興味を持ったらしい。修験独立運動の初期、東京神田で全国の行者が大集会を開催、この大会にただ一人鈴懸兜巾いわゆる山伏姿で参加したのが谷山明実だった。深浦は山伏姿の理由を尋ねた。「自分は旧藩公の時代からこの行装で寺禄を食み、祈祷を仰せ付かってきた。世間を憚るべき道理は無い」と立派に言いきったという。柳田は谷山明実の修験道に対する生き方・考えに共感したのであろう（※2）。
龍仙寺は星供柴灯護摩を毎年十二月に実施、多くの信者が参っている。

新別府村大教院

宮崎市新別府に金丸大教院という修験がいたが明治四年還俗（※3）している。金丸家に残る「日下部姓金丸系図」によると同家は豪族日下部氏にゆかりのある家柄。日下部氏は古代国司や郡司などの任に当たり、日向国式内四座の一つ都萬神社（西都市）に仕えるなど古代日向を代表する豪族であった。後に日下部氏は法元・湯浅・金丸・岩切・吉野・杉尾・郡司など一八家に分かれ、都萬神社をはじめ宮崎の各地に鎮座する諸神社の神職を務める家柄となっている。

金丸家系図をみると江戸期一〇人ほどの山伏を確認でき、その中に享保元年（一七一六）六十六部として日本廻国満願成就し、天林寺（宮崎市）境内に供養塔を建立している

大宝院建立の廻国供養塔

大宝院義空という人物がいる。

大教院の嫡子金丸岩治は明治三十一年（一八九八）跡江村（宮崎市）の修験泉昌院に弟子入りし得度、この時大教を名乗る。その後三宝院恵印校に入学修行して同三十三年補僧祇に補任され一人前の修験となっている。

金丸家当主によると終戦後しばらくまで依頼されると祓いや祈祷をしていたという。

船引村泉寿院

宮崎市清武町船引に正実院という修験がいたが明治四年還俗（※4）している。正実院は俗名を長友喜市といい、喜市には豊蔵という嫡子がおり泉寿院を名乗った。長友家屋敷の一隅に平成八年（一九九六）に再興された観音堂があり、堂前に大正五年（一九一六）に奉納された手水鉢と石灯籠がある。手水鉢は船引村の黒木奈良江ら一一人が、石灯籠は船引村の黒木レツら六八人が大正六年に建立している。大正五年頃建立された観音堂は八十年を経過し平成八年に再興されたのである。天保八年（一八三七）に正賢院が改築（棟札）した観音堂は大正五年頃には凡そ八十年を経過し、泉寿院は精力的に船引村にはたらきかけ観音堂改修にこぎつけたと想像される。

長友家当主によると昭和四十二、三年頃まで観音堂では安産祈願や護符授与など行い、一月の観音祭の日は船引の青年団四〇人ほどが打上げと称する宴会を長友家で行うことが恒例であったという。

三、神仏習合復活の予兆

神仏分離の嵐から時間が経過すると神仏習合の良さも見直される風潮が芽生えてきた。霧島東神社（高原町）は昭和五十年頃境内に不動明王を祀り、毎月決まった日信者に祓いをしている。

康保三年（九六六）性空上人が霧島山に入山、山麓の霧島六所権現の一つ霧島東神社には錫杖院を開いた。境内には性空上人に関する延宝元年（一六七三）年の石碑が存在し同上人との深い縁を感じさせる。さらに平成十八年、不動明王像近くに性空上人立像を建立するなど、江戸時代の霧島修験を彷彿させる神仏習合が復活している。

山之口町花木（都城市）に南方神社（旧称諏訪神社）が鎮座、鳥居の前に天和四年（一六八四）と解される仁王像が建っている。脇に神社と仁王像について、文殊菩薩の守護仏である仁王と文殊菩薩を諏訪大明神神殿に祀っていたが、神仏分離策によって文殊菩薩を除いた。しかし昭和五十五年神社改築に伴って再度文殊菩薩を合祀した旨を説明している。

宮崎市南部、双石山中腹に鎮座する姥ヶ岳神社は役ノ行者を祀るなど神仏混淆であった痕跡を残しているが、近年鳥居脇に弘法大師についての説明板が設置してあり大師の業績などが記されている。

東霧島神社に祀る不動明王

鵜戸神宮の北に開口部が海に向かい時折波が窟内に打ち寄せる窟がある。昔は波切不動と呼ばれ不動明王が祀られていたが、何時からか鳥居が数基立つ神社となった。名称も波切神社という。しかし奥まった所の小祠には今も不動明王が祀ってある。

宮崎市の田元神社境内には大永八年（一五二八）建立の六地蔵幢や十一面観音像が祀ってある。これらは長年社殿裏手にあったが、近年境内整備に伴って仏教関係石碑排除を主張する意見が一部氏子からあり境内から排除された。しかしこれら遺跡も同神社の歴史であるという考えのもとに人目につく社殿脇に再建立された。

神仏分離が声高に叫ばれてから凡そ百五十年、神仏に慣れ親しんできた人々は、いま徐々に神仏習合が復活している事象に何の違和感もなく受け入れている。

※1　黒岩昭彦「宮崎の国学者、その名は野田丹彦」『養正』vol 一四六　宮崎神宮社務所

※2　柳田國男『定本柳田國男集第一巻』「海南小記　四ひじりの家」筑摩書房

※3　「那珂郡新別府村　修験大教院法満　明治辛未四月復飾」（「五郡寺院幷修験連印帳」）

※4　「宮崎郡船引村　修験正実院教安　明治四辛未四月復飾」（「五郡寺院幷修験連印帳」）

語意解説

アビラウンケン……密教で、胎蔵界大日如来の真言。（略）この真言を唱えると一切のことが成就するという。前に「オン」、後ろに「ソワカ」をつけて唱えることが多い（『広辞苑』）。

奥駈け……………吉野（奈良県）から熊野（和歌山県）に至る大峯山系を抖擻《とそう》する修験道の修行。（略）距離四二里（約一六〇キロ）（『修験道辞典』）。

加　持……………真言密教で、仏と行者が一体となること。災いを除き願いをかなえるため、仏の加護を祈ること（『広辞苑』）。

鎖行場（鎖禅定）……各地の修験霊山にある鎖をかけられた岩壁をのぼる行場の名称（『修験道辞典』）。

口寄せ……………巫女などが神がかりになって霊魂を呼び寄せ、その意思を伝え告げること（『広辞苑』）。

山林抖擻《とそう》……山岳を駆けることで心身を修練し、心を専一する修行。

神宮寺……神仏習合思想のもとに、神社に付属して置かれた寺院の称。（略）明治元年（一八六八）の神仏分離令によってその多くは廃絶あるいは独立した。宮寺、神供寺、神護寺、神宮院、別当寺（『広辞苑』）。

神仏習合……奈良時代に発生した神祇と仏教との習合の思潮。神は仏に化身（権現）とする本地垂迹思想があらわれた。八幡神に菩薩号を付して称せられ仏教を護る善神とされた。宮崎県内では都農神社に大泉寺、鵜戸神宮に仁王護国寺、狭野神社には神徳院などの神宮寺（別当寺）があった。

神仏分離令……明治元年（一八六八）に出された一連の法令の総称で、代表的なものは通称「神仏判然令」といわれる太政官布告、神仏習合を廃止し神祇を権現号で称したり、仏像・仏具を神社内に飾ることを禁止したりした。ほかには神祇の菩薩号禁止、別当社僧の還俗令、寺院が神社祭祀に関与することの禁止、神仏分離は廃仏毀釈の意味でないことなど、一二か条の関連法令が出された（『修験道辞典』）。

胎内潜り……修験道の行場によくみられる名称。ふつう空間に突出した穴のある岩場で危険なところに位置している。穴を潜る格好が人の子の胎内に抱かれ産まれ出るさまを思わせることからこの名がつけられたものであろう。胎内潜りは修験道の峰入りの思想をよく示している。厳しい峰入り修行をすることにより、生身の人間であるままひとたび死んですぐに仏に生まれ変わることができるという考え方である。擬死再生の観念（『修験道辞典』）。

憑《つ》きもの……人にのりうつったものの霊。もののけ。

当山派官位……延宝八年（一六八〇）、袈裟（坊号）・院号・大法師《だいほっし》・権律師《ごんりつし》・律師・権小僧都《ごんしょうそうず》・権大僧都・錦地袈裟《にしきぢけさ》・一僧祇《いっそうぎ》・二僧祇・三僧祇・螺《かい》の緒《お》（笈籠《おつこみ》）・阿闍梨《あじゃり》・大越家《だいおっけ》・法印の一五種であった。（略）坊号は初度の入峰者に与えられ、入峰の度数に応じて昇進するのが原則であった。九度で大越家、三六度で法印大先達となったという。しかし、寛文八年（一六六八）、醍醐本坊で官位を補任するようになると入峰しないものに免状を与え、さらに幾つかの免状を一度に発行する畳補任をするようになった（『修験道辞典』）。

入峰《にゅうぶ》……修験者が修行のために大峯山をはじめ霊山に入ること。

覗　き……修験道の行場に数多く見られる名称。のぞきとは、ふつう谷に向かって突き出した岩の上に行者を置き、これを逆さにして下を覗かせる危険な行をいう（『修験道辞典』）。

別当寺……神仏習合説に基づいて神社に設けられた神宮寺の一つ（『広辞苑』）。

ホッドン……ほりどん、祝子殿。祝（ほうり、はふり）は神に仕えることを職とする者。普通には禰宜《ねぎ》の次位で祭祀などに従った人。祝子、祝人（『広辞苑』）。

本山派の官位……僧位は法印まで、僧官は権大僧都まで。同行山伏や准年行事、直末院、年行事は法印・権大僧都まで叙任された。それ以上の官位については院家《いんげ》・座主《ざす》・先達・公卿《くぎょう》が勅許を受けて大僧正・僧正・権僧正・大僧都に任じられることがあった。坊号・院号・桃地結袈裟・一僧祇・二僧祇・三僧祇・貝緒の諸補任や金襴地結袈裟・白地金襴地結袈裟などの諸補任があった（『修験道辞典』）。

山　伏……仏道修行のために山野に起臥する僧。修験者の別称（『広辞苑』）。

あとがき

父親が小寺の住職をしていたこともあり、観音堂前に凝立する仁王像は子どもの頃から慣れ親しんできました。誰が彫ったのか興味が出たのは高校の頃、背面の刻字で平賀快然という者であったことが分かりましたが、他に快然作の仁王像が存在するのではという意識もありませんでした。

昭和四十三年（一九六八）都城市山之口小に赴任し、校区内の神社に仁王像があることから再び興味を持つようになりました。異動で転勤するたびにその地方の仁王や地蔵を調査記録し、そのうちに宮崎市や周辺の仁王像や地蔵の多くは修験僧串間延寿院、串間円立院の手によるものであることが分かりました。調査の本格化は宮崎県総合博物館に赴任してからで、それらの成果は『近世日向の仏師たち』（鉱脈社）として著しました。

宮崎に残る木像調査にも興味を拡大、越後国出身の大円という廻国僧の存在を知りました。あるとき石碑に大円と同じ越後国蒲原郡出身の又右衛門という六十六部がいたことに気付き、又右衛門は大円の俗名で、又右衛門と大円は同一人物ではないかと一瞬思いましたが、大円没年と又右衛門石碑建立年に十数年の違いがあり期待は消失しました。しかし、江戸後期自由に廻国する六十六部が数百人いたこと、さらに薩摩島津氏の一向宗禁制のもと領民は隠れて信仰を保ったこと、それを陰で支えるのが六十六部との疑いから薩摩藩は六十六部の入国も厳しく制限したことも分かりました。それは『薩摩かくれ念仏と日向』(鉱脈社)として世に問いました。

今回、日向国の修験道について考察してみました。先人の修験道に関する論文をみるに永井哲雄氏の「日向山岳信仰について」(『山岳宗教史研究叢書13』名著出版)と澤武人氏の「日向延岡藩の修験道」(『山岳宗教史研究叢書15』名著出版)以外に気付きませんでした。浅学ながら近世日向における修験道はどうであったか、史料を探しかつ修験者の末裔を訪ね、江戸後期の日向修験についてまとめてみました。

本稿をまとめるに当たって、郷土史研究をされている方々、修験道に関係した各地の住職や宮司の方々、修験者の子孫に当たる皆様など、公私ともご多忙にも拘わらず資料閲覧、掲載の許可など協力をいただきました。また、鉱脈社川口敦己社長やスタッフの皆様には、構成や編集等適切なアドバイスをいただきました。感謝申し上げます。

平成二十八年十二月

日本山岳修験学会会員　前田　博仁

協力いただいた方々

岩切悦子氏、岩切重信氏、甲斐盛豊氏、金丸文昭氏、黒岩明彦氏、黒木将浩氏
櫻木　昭氏、須田明典氏、武田幸雄氏、谷山祐元氏、谷山光信氏、玉置重徳氏
津田　功氏、戸高憲二氏、長友寛昭氏、平山光信氏、本部雅裕氏、本山隆義氏
前田暢一氏、宮田義臣氏、湯浅倉平氏

［著者略歴］

前田 博仁（まえだ ひろひと）

1965年　宮崎大学卒、県内小学校、県総合博物館、県教育庁文化課、県立図書館に勤務

2003年　宮崎市立生目台西小学校校長定年退職

現　在　宮崎民俗学会副会長､宮崎県立博物館協議会会長､宮崎県みやざきの神楽魅力発信委員会副委員長､宮崎県伝統工芸品専門委員、宮崎県神楽保存・継承実行委員、妙国寺庭園保存活用計画検討委員会委員長（日向市）、日本山岳修験学会会員

著書等　『鵜戸まいりの道』､『歩く感じる江戸時代、飫肥街道』、『近世日向の仏師』、『薩摩かくれ念仏と日向』。mrtポータルサイト miten（ミテン）に「みやざき風土記」、「宮崎、歴史こぼれ話」執筆中。

共　著　『宮崎県史（資料編民俗・別編民俗）』、『日之影町史』、『北浦町史』、『日向市史』、『清武町史』、『日本地名大辞典・宮崎県』（角川書店）、『日本地名大系・宮崎県の地名』（平凡社）ほか

みやざき文庫121

近世日向の修験道
── 日向各藩における修験と藩政 ──

2016年12月14日 初版印刷
2016年12月24日 初版発行

著　者　前田　博仁

発行者　川口　敦己

発行所　鉱脈社
宮崎市田代町263番地　郵便番号880-8551
電話0985-25-1758

印　刷
製　本　有限会社　鉱脈社
